ゼロからはじめる

自炊の教科書

きじまりゅうた

大泉書店

はじめに

自炊生活はむずかしくない！

当たり前のことですが、ひとり暮らしを始めたら、**自分の食事のことは自分で**考えなくてはいけません。たまには外食や買ってきたお弁当でもよいけれど、そればかりでは、お財布も体ももちません。この本では、自炊未経験の人でも、**無理なく楽しく続けられる自炊生活**を提案しています。せっかく始める自炊生活ですから、なるべく**長続きさせたい**もの。ですから、皆さんよりちょっとだけ自炊生活の長い僕が、あまり**面倒くさくなく**、わりと**簡単で**、なにより**美味しい**レシピをたくさん紹介しています。最低限必要となる調理道具や調味料の揃えかたも説明してあるので、気軽に自炊を始められるでしょう。みなさんの**楽しい自炊生活を充実**させるきっかけになれば幸いです。

料理研究家　きじまりゅうた

contents

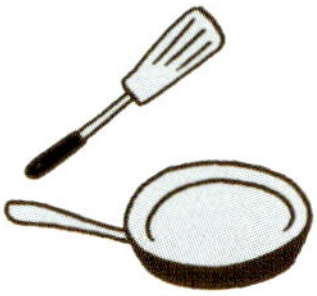

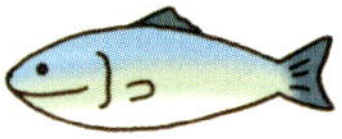

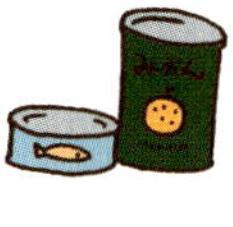

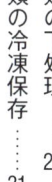

PART 4 キホンの食材だけで作る簡単レシピ26

PART 5 プラスαの食材で作るアレンジレシピ64

定番おかず

丼もの

PART 6 後かたづけをする

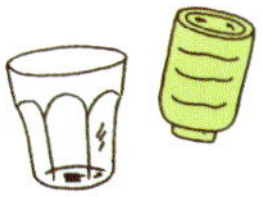

この本の使いかた

安全においしく調理をするために、必ず調理の前にお読みください。

1 材料の分量について

レシピの材料の分量は基本的に１人分ですが、１人分では作りにくいものは、一度に作りやすい分量(2人分以上)にしてあります。なお、写真はいずれの場合も１人分です。

2 調味料などの分量について

この本で示している大さじ１は15mℓ、小さじ１は5mℓ、１カップは200mℓです。

3 電子レンジについて

家庭用の電子レンジは、500 ～600 Ｗのものが一般的ですが、この本で示している電子レンジの加熱時間は、500W の場合です。電子レンジは、ワット数によって加熱時間が変わってきます。お使いの電子レンジのワット数を確認し、500W でない場合は下記のように加熱時間を調節してください。また、加熱時間は機種によっても異なるため、説明書をよく読み、ようすを見ながら使いましょう。

・600Wの電子レンジの場合の加熱時間→ 500W の場合の約 0.8 倍

4 揚げ物について

この本で紹介している揚げ物は、直径 20cm のフライパンに深さ1cm 程度の油を入れ、焼くように揚げる方法で作っています。違う大きさのフライパンを使う場合は、フライパンの底から 1cm の深さまで油を入れて揚げるようにしてください。

5 保存について

この本で紹介している保存期間は目安です。期間内でも、味やにおいに異常を感じた場合は、各自で判断して食べるのをやめてください。

PART 1

まずは揃える

小さなキッチンの限られたスペースでは、調理道具や食器、調味料など、
あれこれ買い揃えてもごちゃごちゃするだけ！
本当によく使うものだけを揃えてフル活用するほうが、
効率がよく、料理の腕も上がるはず。
まずは、最低限必要な道具や食器を揃えましょう。

まずはこれだけ！
キホンの調理道具13

自炊生活を始めるために、まず揃えたいのはこの13アイテム。100円均一ショップで購入できるものもあるので、利用しましょう。

① 包丁

刃渡り18cm程度で、ステンレス製の文化包丁を。少し高価でもよいものを選びましょう。ペティナイフもあると便利です。

② まな板

プラスチック製が手入れ(→P.135)がラクでおすすめ。サイズは調理スペースに合うものを。2枚用意するか、1枚の表裏を肉･魚用と野菜用で使い分けると、衛生面で安心です。

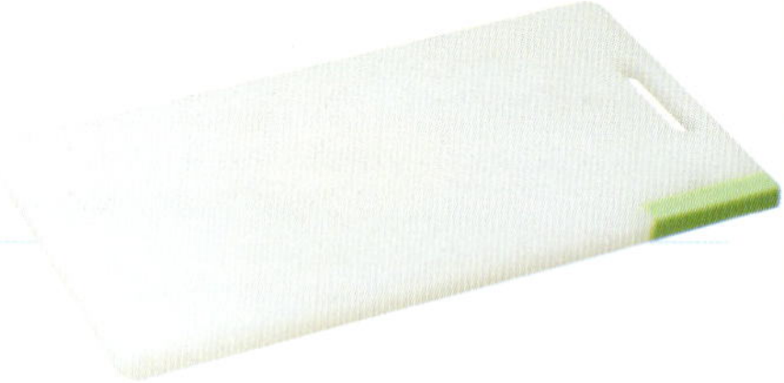

③ 計量スプーン

大さじ(=15mℓ)、小さじ(=5mℓ)と、できれば小さじ1/2(=2.5mℓ)を揃えましょう(→P.16)。

④ 計量カップ

200mℓのものと、お米用に180mℓ(1合)のものを揃えます。透明で目盛りが読みやすい、プラスチック製のものを(→P.16)。

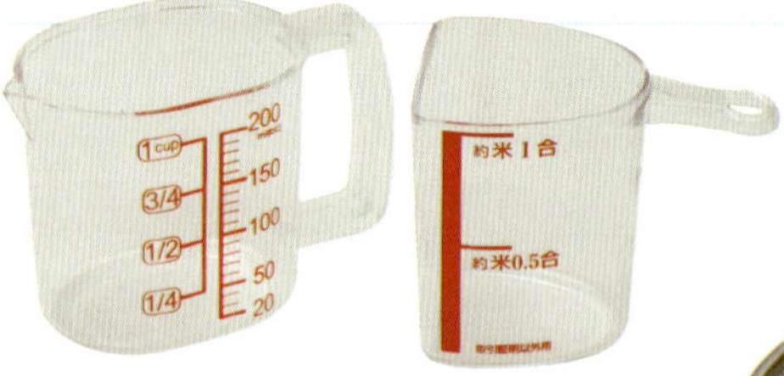

⑤ ボウル

直径18cm程度のものが2つあるとよいでしょう。1つは電子レンジでも使える耐熱性のものを。どんぶりなどの食器(→P.13)で代用してもOK。

⑥ ざる

ボウルの上にちょうど重なる大きさで、持ち手のあるものが使いやすくておすすめ。

⑦ 鍋

1～2人分の調理なら、直径18cm程度のものが1つあれば十分。フタつきのものが便利です。鍋はやかん代わりに、お湯を沸かすときにも使えます。

⑧ フライパン

直径20cm程度で、フッ素樹脂加工のものがよいでしょう。フタがあれば、煮物や蒸し物といった調理もこのフライパンでできます。

⑨ 電子レンジ

食材を加熱したり、冷凍したものを解凍したりするのに欠かせない電子レンジ。新しく買うなら、オーブン機能つきのものを選ぶと、調理の幅が広がります。

⑩ 菜ばし

竹製のものを2セット用意します。つねに手元に置いておけば、調理もスムーズに。

⑪ 木べら

材料を混ぜたり、炒めたりするのに使います。柄が長く、先が平らなものが使いやすくておすすめです。

⑫ フライ返し

鍋やフライパンに傷をつけないよう、先がプラスチック製かシリコン製のものを。やや小さめのものが使いやすいでしょう。

⑬ おたま

持ちやすく、鍋の大きさに合ったサイズを選びましょう。先がシリコン製のものなら、フライ返しやゴムべら(→P.10)の代わりにも使えます。

余裕ができたら揃えよう
あると便利な調理道具

必ず必要ではないけれど、あれば調理時間が短縮されたり、料理の幅が広がったりする便利グッズです。

ピーラー

これがあれば、野菜の皮むきやスライスがラク。じゃがいもの芽とり(上写真では刃の横にある突起)がついていると便利(→P.49)。

キッチンバサミ

パッケージを開けるほか、まな板を使わずに食材を切ったり、魚の下処理をしたりするときにも使えます(→P.49)。

トング

焼いている食材を返したり、パスタやサラダを取り分けるときにあると便利。自分の手に合うものを。

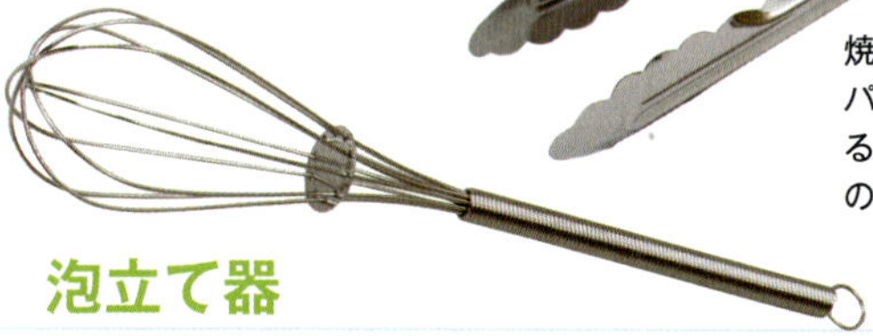

泡立て器

調味料を混ぜ合わせたり、卵を溶いたりするときに使います。サイズは、ボウルに合うものを選びましょう。

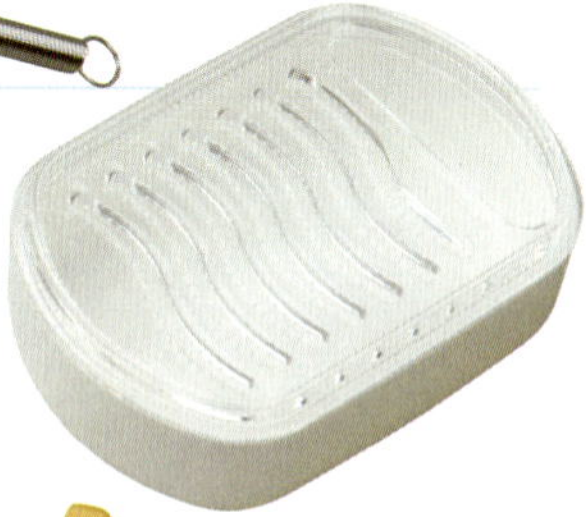

おろし金

大根や長いもなどをすりおろすときに使います。受け皿がついているものが使いやすいでしょう。

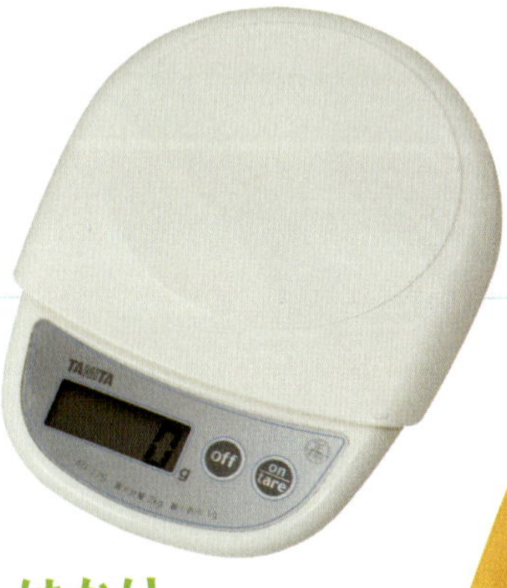

ゴムべら

先がシリコン製で、耐熱のものがあると、材料を混ぜたり、鍋からソースをかき出したりするときに重宝します。

はかり

1g単位で正確にはかれる電子スケールが、場所もとらずおすすめです。

キッチンに常備したい
キホンの消耗品８

キッチンの消耗品は、種類も値段もいろいろ。
最初はいくつか試してみて、使いやすいものを見つけてください。

① 食器洗い洗剤

まな板や食器の除菌ができるもの、環境や肌にやさしい天然成分を使ったものなどがあります。

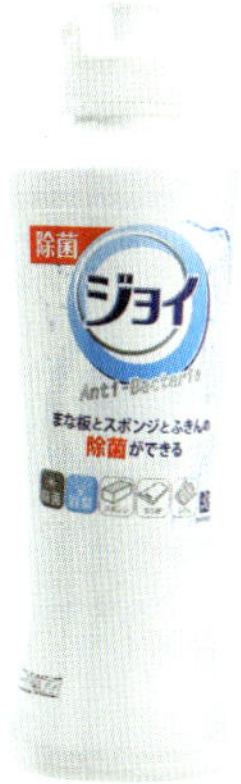

② スポンジ

ナイロン面とスポンジ面が表裏になっているものが、汚れ具合によって使い分けることができて便利です。

③ たわし

鍋にこびりついた焦げを落とすときや、ごぼうやじゃがいもなど、泥がついた野菜を洗うときに使います。

④ ふきん

吸水性がよいものを。台拭き用、食器拭き用、調理用と使い分けられるように、3枚以上あるとよいでしょう。

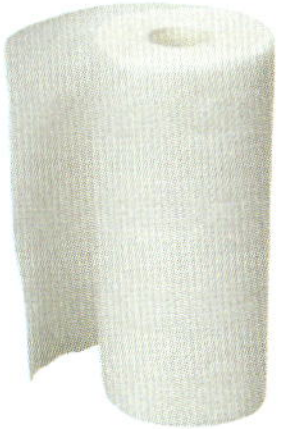

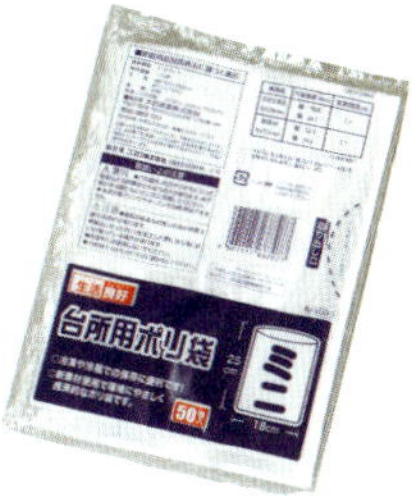

⑤ ビニール袋

食材の保存に、調理に(→P.49)と、何かと使うビニール袋。ジッパー式のものもあると重宝します(→P.41)。

⑥ キッチンペーパー

食材の水分を拭きとる、揚げ物の油をきる、ガス台まわりの掃除をするなど、いろいろな用途で使えます。

⑦ ラップ

食材を包んで保存したり、食器にかぶせて電子レンジにかけたり、いろいろな場面で活躍。22cm幅のものが使いやすくて便利です。

⑧ アルミホイル

食材を包んだり、煮物をするときに落としブタ代わりに使ったり、いろいろな調理に使えます。

シンプルなものがおすすめ！キホンの食器9

最初に揃えるなら、使いまわしのきくシンプルなデザインの食器を。和・洋・中どんな料理にも使えます。

1 皿

大皿、小皿が2枚ずつあると便利です。大皿の1枚はやや深さのあるものにすると、カレーやパスタ用に使えて汎用性がアップ。

2 カトラリー

ステンレス製のものを。スプーンとフォーク、ティースプーンを2セット以上用意。調理にも使えます(→P.49)。

3 おわん

木製のもの、プラスチック製のものなど、種類はいろいろ。大きめのものなら具だくさんのスープも盛れます。

5 マグカップ

お茶などの飲み物だけでなく、スープを入れるときにも使えます。

4 グラス

耐熱性のグラスなら、ホットでもアイスでも使えます。

6 小鉢

汁けが多いおかずも盛れるように、深さのある小鉢やボウルなども揃えてあるとよいでしょう。

8 ごはん茶わん

自分の手に合うサイズのものを選びましょう。毎日使うものなので、飽きのこないデザインを。

7 どんぶり

丼もの、めん類などを盛るほか、調理のときにボウルとしても使えます。

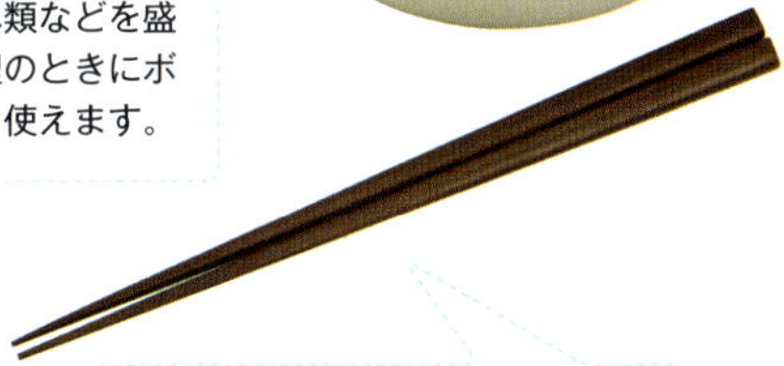

9 はし

実際に持ってみて、手になじみ、動かしやすいものを選びましょう。

友だちを呼ぶときは

ひとり暮らしをすると、友だちを招いて食事をふるまうこともあるでしょう。人数分の食器やグラスを揃えるのは大変なので、持っている大きめの皿を大皿料理用に使い、あとは紙皿や紙コップ、割りばしを活用してみては。料理の内容をくふうして自分流に演出すれば、手間やお金をかけなくてもみんなで楽しい時間を過ごせるはずです。

これだけあれば万全！キホンの調味料22

まずはコンビニでも買える小さめのサイズのものを。大きいサイズは、使いきれずに結局ムダにしてしまうことも！

1

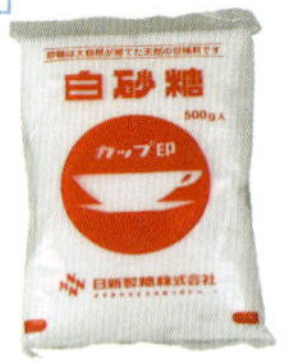

砂糖

くせがなく、どんな料理にも使いやすいのは上白糖。密閉容器に小分けにして使いやすい状態に。残ったものは袋に入れたままましっかり密閉して保存します。

2

塩

荒塩や焼塩などの自然塩は、精製塩より味に深みがあります。砂糖と同様に容器に小分けしておいて。塩は、食材の水分やアク抜き、保存などにも使います。

3

酢

穀物酢、米酢、果物酢などがありますが、使いやすいのはクセのない穀物酢。肉をやわらかくする効果あり。野菜などを酢漬けにすれば、保存食にも。

4

しょうゆ

色が濃く、香りが強い「濃い口しょうゆ」が使いやすいでしょう。しっかりフタをして保存すると長持ちします。まずは、1か月位で使いきれるミニサイズを。

5

みそ

風味が違うものが多数あるので、好みのものを。だしが入っていないほうが、いろいろな料理に使いやすくおすすめ。この本では、辛口の赤みそを使用。

6

酒

日本酒でも料理酒でもOK。飲酒する人なら、飲み残しを使っても。酒には、素材をやわらかくし、料理のうま味をアップさせる働きがあります。

7

みりん

本みりんと、みりん風調味料とがありますが、味を優先するなら、アルコールで作った本みりんを。みりんは、料理に照りを出し、煮崩れを防ぎます。

8

油

どんな料理にも合うサラダ油が使いやすいでしょう。余裕があれば、ごま油、オリーブ油をプラスすると、料理のバリエーションが広がります。

9

こしょう

黒こしょうは肉料理に、白こしょうは魚や鶏、卵料理に合います。まずは、黒こしょうと白こしょうを合わせたテーブルこしょうか、粗びき黒こしょうを。

10

ソース

ウスターソースや中濃ソースなどがあるので、好みのものを。かけるだけでなく、カレーや炒め物などの隠し味に。

11

ケチャップ

炒め物や煮込み、ソースの材料にも使います。開封後は1か月程度しかもたないので、使いきれるサイズのものを。

12

マヨネーズ

サラダなどにかけるだけでなく、いろいろな料理の隠し味にも使います。フライのつなぎとしても使うことも。

13

ごま

炒りごま、すりごま、練りごまなどがあります。どんな料理にも合う白ごまが使いやすくて便利。

14

だしの素

みそ汁や和風のおかずの味つけに使えて重宝します。塩分が含まれているので、塩を加えるときは控えめに。

15

コンソメの素

コンソメ風の味つけができる洋風だしの素。固形や顆粒のタイプがあるので、好みで選びましょう。

16

鶏がらスープの素

中華スープやチャーハンなど、手軽に本格的な中華料理の味が楽しめます。塩分が強いので、味つけには注意。

17

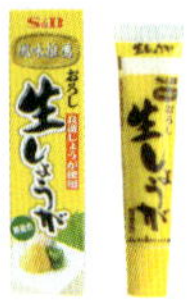

おろししょうが

皮をむいておろす手間が省けるチューブ入りが便利。魚や肉の臭み消しや、料理の香りづけに使います。

18

おろしニンニク

炒め物の香りづけや肉料理の臭み消しに。チューブ入りは使ったあと空気を抜いてフタをすると、風味が長持ち。

19

カレールー

辛口、中辛、甘口などがあるので、好みのものを。カレーうどんやカレー風味のおかずにも使えます。

20

小麦粉

主成分であるグルテンの含有量によって、薄力粉、中力粉、強力粉に分けられます。薄力粉を買っておけばOK。

21

片栗粉

水で溶いて料理のとろみづけに、揚げ物の衣にも使います。原料はじゃがいもからできているものが一般的。

22

パン粉

パンを砕いて粉にしたもの。ひき肉料理のつなぎやフライに使います。かたくなったパンを砕いて手作りしても。

料理のバリエーションが広がる

その他の調味料

カレー粉／オイスターソース／豆板醤／バター／ハーブ・スパイス／ごま油／オリーブ油／粒マスタード／わさび／ゆずこしょう／ラー油／コチュジャン／ナンプラー

失敗を防ぐ！

分量のはかりかた

料理で失敗しないコツは、分量を守ること！ 慣れるまでは計量カップや計量スプーンを使いましょう。

計量カップの使いかた

計量カップは1カップ200mℓが基本。
180mℓまでのものは米用なので、間違えないようにしましょう。

200mℓの計量カップ

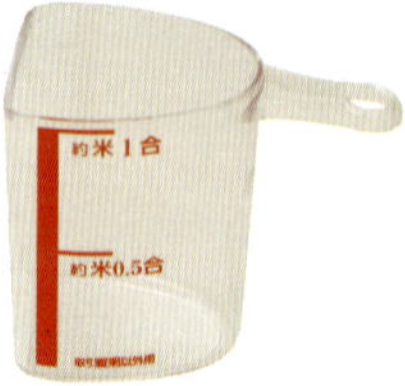

180mℓ(1合)の米用計量カップ

粉をはかるとき

平らな場所に置き、真横から目盛りを見ます。目盛りまでふんわりと入れ、押し込めずにカップの底を軽くたたいて表面をならします。

液体をはかるとき

平らな場所に置き、真横から目盛りを見ます。表面が水平になるように液体を入れます。

計量スプーンの使いかた

大さじ1杯は15mℓ、小さじ1杯は5mℓ、
小さじ1/2杯は2.5 mℓ。小さじ1/2がないときは、
小さじを使ってはかります。

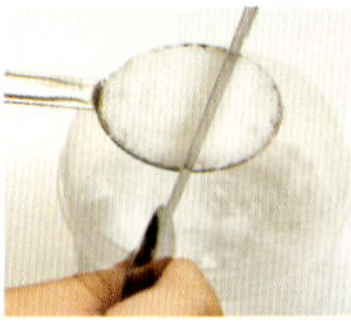

粉をはかるとき

山盛りですくい、へらやはしなどですりきります。

粉1/2杯をはかるとき

ヘラやナイフなどで、中心線から半分をとりのぞきます。

塩少々はどのくらい？

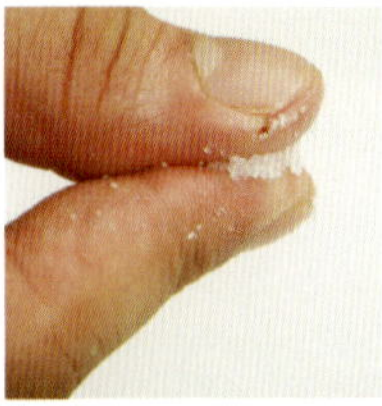

親指と人さし指の指先でつまんだ量。約小さじ1/8になります。

液体をはかるとき

計量スプーンを平らにして、縁が盛り上がるくらいまで液体を注ぎます。

液体1/2杯をはかるとき

スプーンの深さの2/3を目安にします。

PART 2

食材のキホン

自炊に慣れないうちは、どんな食材を買えばよいのか、
食材をどう扱えばよいのか、わからずに迷ってしまうことが多いもの。
そんなとき、ほんの少しの基礎知識があれば、
買い物や食材の扱いもスムーズに。ここでは、食材の選びかたから、
下処理のしかた、保存のしかたまで、食材のキホンを覚えましょう。

自炊生活の強い味方！キホンの食材14

ここにあげる食材は、入手しやすく、いろいろな料理に使える優秀食材。あれこれ買うよりまずはこの14品！

1 米

米は1膳あたり約30円程度と、かなり経済的！ 日の当たらない風通しのよい場所で保存すると長もちします(→P.54)。

2 スパゲティ

味つけは和風、洋風思いのまま。ゆでかたのコツ(→P.58)を押さえれば、ごはんを炊くより手軽な、ひとり暮らしの強い味方です。

3 鶏もも肉

1枚まるごと、から揚げ用、小間切れなど、売られている形状はさまざま。鶏肉のなかでもうま味が濃厚で、食べごたえがあります(→P.23)。

4 あいびき肉

牛肉と豚肉を混ぜてひいたもの。ハンバーグや餃子のタネに。傷みが早いので注意。小分けにして冷凍保存しておくと便利です(→P.25)。

5 豚バラ薄切り肉

手ごろな値段で、使いやすい食材。脂身が多くうま味も濃厚。しょうが焼きやカレーなどの定番おかずに(→P.23)。

6 ベーコン

豚肉を塩漬けにし、くん製にしたもの。独特の風味で、料理のうま味を増します。炒め物や煮込み料理に。色ムラがなくツヤと弾力があるものを。

7 生鮭の切り身

焼いたり、蒸したり、汁物に入れたり、いろいろ使えます。基本的には、味のついていない生鮭を(→P.26)。そのまま焼いて食べるときは塩鮭を。

⑨ 玉ねぎ

カレー、ハンバーグ、野菜炒め、肉じゃがなど、いろいろ使える万能野菜。常備しておき、ちょっと材料が足りないときのプラス食材にも(→P.32)。

⑧ 卵

オムライス、親子丼、卵焼き、みそ汁の具、卵かけごはん……と、卵があれば料理のバリエーションが広がります。

⑪ じゃがいも

肉じゃが、カレーの具、フライドポテトなどに。炭水化物が多く含まれ、主食代わりにもなります(→P.32)。

⑩ にんじん

毎日の食事の栄養バランスを考えるうえでも、積極的に食べたい緑黄色野菜。サラダやカレー、煮物、スープの具に(→P.32)。

⑬ キャベツ

千切りにして付け合わせに、また野菜炒めやポトフに。カットされたものも売られているので、使いきれる量を(→P.34)。

⑫ 長ねぎ

付け合わせやみそ汁の具に。薬味にするなら、切って冷凍保存しておくと重宝します(→P.36)。

⑭ しめじ

味や香りがよく、歯ごたえがあり、使いやすいきのこのひとつ(→P.36)。必要な分だけ買って早く使いきりましょう。

賢く食材を手に入れる
買い物のポイント

買い物ポイント1
特売日やタイムセールをチェック

どんなスーパーでもたいてい、曜日や時間帯によって特売をしています。「月曜日は卵がお買い得」などと、曜日によって安売りになる食材が決まっていることも。自分が利用するスーパーのチラシやホームページをチェックしてみては？

買い物ポイント2
惣菜を利用する

とんかつやコロッケ、天ぷらなどは、1人分なら、材料を買い揃えて作るよりも惣菜を買ったほうが、手間もかからず安上がり。そのまま食べてもいいし、とんかつをかつ丼に、天ぷらを天ぷらそばに、というように、アレンジしても。

買い物ポイント3
ひとり暮らしで使いきれる分量を

とくに調味料など、徳用サイズがお得なように感じられますが、使いきれなければ結局はムダになってしまいます。まずは少量で試してみて、自炊に慣れて使用ペースがわかってくるまで、ようすを見てみましょう。

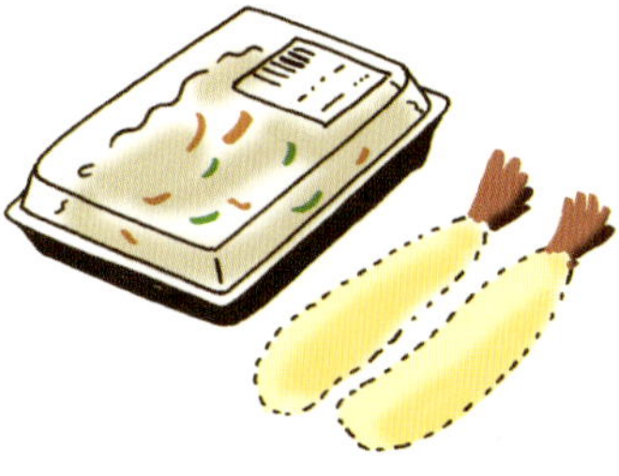

自炊の第一歩は、食材を買い揃えるところから。作るだけでなく、買い物も楽しんで！

買い物ポイント 4

スーパー？ コンビニ？ それとも小売店？

スーパーは、いろいろな食材が一度に購入でき、コンビニは割高ですが、ひとり暮らしに適した少量の商品が充実。一方、八百屋や魚屋などの小売店は、親切でアットホームな対応が魅力。自分が気持ちよく利用できる店を見つけてみて。

買い物ポイント 5

エコバッグでお買い物

エコに力を入れているスーパーや商店街では、マイバッグを持参するとポイントがもらえたり、スタンプがもらえたりします。お得に買い物ができ、エコにも貢献できて、一石二鳥です。

買い物ポイント 6

計画を立てて週末にまとめ買い

こまめに買い物に行くと、つい必要ないものまで買ってしまいがち。自炊に慣れてきたら、1週間の献立を考えて、材料をまとめ買いすると、時間とお金の節約になります。すぐに使わないものは、下処理をして冷凍保存しておけば (→ P.25,31)、長もちするし、調理もラク。

ひとり暮らしは少量買いが基本。使いきれる分だけ買いましょう。

食材について知る①
肉のキホン

スーパーなどに買い物に行くと、さまざまな種類、部位の肉があります。欲しいものが迷わず選べるよう、食材のキホンを知っておきましょう。

牛肉

タンパク質が豊富。部位によって赤身と脂肪のバランスが違い、産地やランクによって価格にも味にも差があるので、予算と作る料理に合わせて選びましょう。冷蔵保存では4日以内を目安に。冷凍保存もOK。

おいしい牛肉は?

赤身の部分が鮮やかな赤色でツヤのあるもの、脂肪が乳白色でバランスよくきれいに入っているものを選びましょう。パックに汁けが出ているものは、鮮度が落ちているので注意。

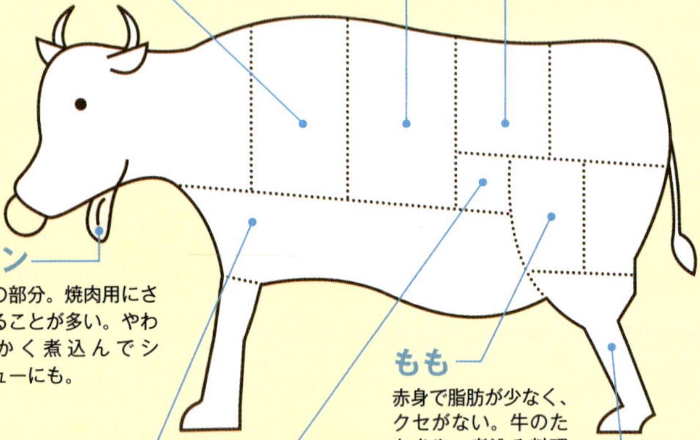

肩ロース
うま味が強く、歯ごたえのある部位。ソテー、すき焼き、煮込み料理に。

リブロース
脂肪が多く、やわらかい。ローストビーフやしゃぶしゃぶなどに。

サーロイン
脂肪が多く、やわらかく味がよい。ステーキに使われる最上級の部位。

タン
舌の部分。焼肉用にされることが多い。やわらかく煮込んでシチューにも。

バラ
味が濃厚。かたまりや薄切りで売られている。焼き肉のカルビや、炒め物、牛丼に。

ヒレ
脂肪が少なく、きめが細かく、非常にやわらかい。ステーキやカツなどに。

もも
赤身で脂肪が少なく、クセがない。牛のたたきや、煮込み料理など、いろいろな料理に使える。

すね
筋が多くかたいが、じっくり煮込むとやわらかくなる。カレーなどの煮込み料理に。

鶏肉

高タンパクで、皮を除けば低脂肪。味にクセがないので、和・洋・中、さまざまな料理に使えます。傷みやすいので買ったその日に調理を。すぐに使わないときは、下味をつけつつ保存もかねてしょうゆと酒に漬け込むか、冷凍保存するとよいでしょう。

おいしい鶏肉は?

厚みがあってツヤがよく、肉質がしまっているものを選びましょう。脂肪が全体によくついていて、変色していないもの、皮の毛穴がプツプツと盛り上がっているものが新鮮です。

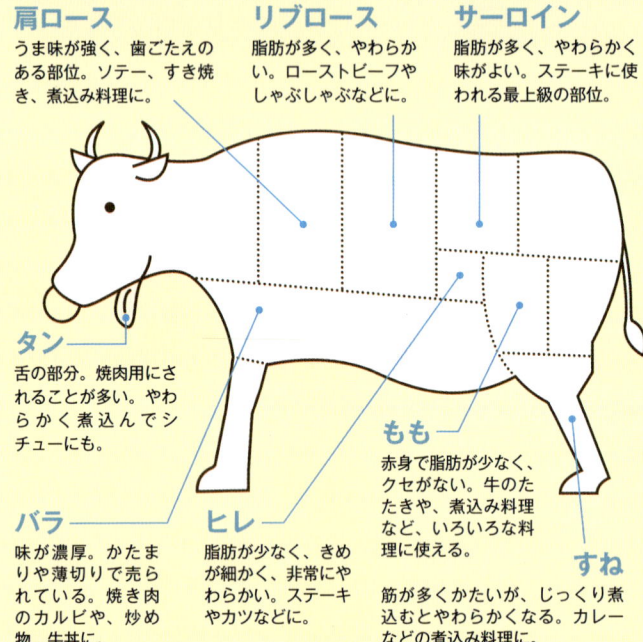

豚肉

疲労回復に役立つビタミンB_1が豊富。薄切りやこま切れなど、カットの種類が多く、値段も手ごろです。冷蔵保存をする場合は、2～4日を目安に食べきります。新鮮なうちにラップで包んで、冷凍保存してもOK(→P.25)。

おいしい豚肉は？

赤身の部分は、やや灰色がかった淡いピンク色でツヤがあり、脂肪の部分はかためで白く、黄みががっていないもの。赤身と脂肪の部分の境目がはっきりしているものを選びましょう。赤身の灰色が強く青みを帯びているもの、パックに汁けが出ているものは、鮮度が落ちているので注意。

肩

脂肪が少なく、かためで筋が多い。シチューなどじっくり煮込む料理に。

肩ロース

赤身の中に、脂肪と筋が粗い網目状にある。カレー、炒め物に。

ロース

適度に脂肪がつき、うま味がある。厚切りはとんかつ、薄切りはすき焼き、炒め物に。

バラ

三枚肉とも呼ばれ、味にコクがある。かたまりは角煮やカレー、薄切りは炒め物に。

ヒレ

とてもやわらかい赤身肉で、淡白で上品な味。とんかつ、ソテーに。

もも

やわらかく、味がよい。かたまりは焼き豚、薄切りは炒め物に。

胸肉

ももよりも脂肪が少なくヘルシー。加熱しすぎるとかたくなるので、蒸し鶏、チキンかつ、短時間の煮物に。

手羽

翼の部分。手羽先と手羽元に分けられる。揚げ物、焼き物に。脂肪やゼラチン質などのうま味が強く、よいだしが出るのでスープにも。

ささみ

胸肉の内側についている部位。やわらかく淡白な味。蒸してサラダなどに。

もも肉

しっかりとした歯ごたえで脂肪が多く、味は濃厚でコクがある。焼き物、揚げ物、煮物など、何にでも使える。

鶏レバー

肝臓の部分。牛や豚のレバーに比べてクセがなく、食べやすい。焼き鳥、炒め物、ペーストに。

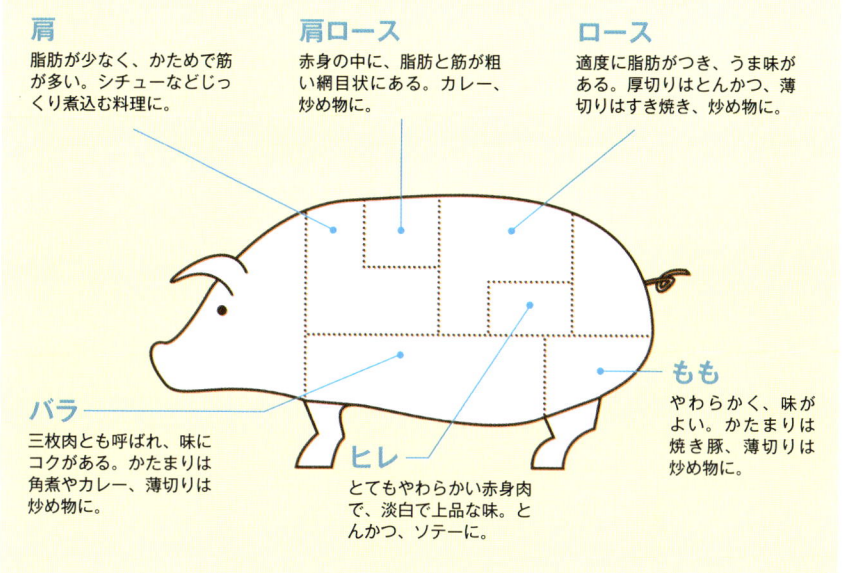

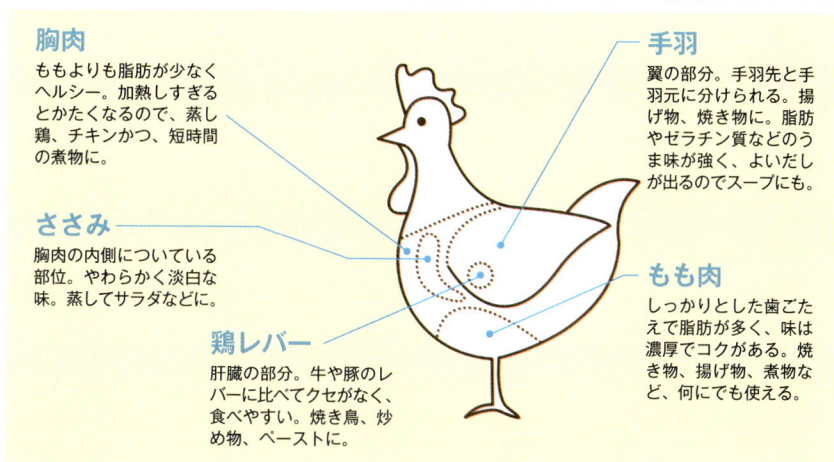

ひと手間かけると違う
肉の下処理

そのまま調理しても食べられますが、手ごろな値段の肉でも、下処理をすれば、おいしくなります。

牛肉、豚肉

調理する 1 時間～ 30 分前に冷蔵庫から出し、常温に戻しておきます。

筋を切る

赤身と脂肪の間にある筋を包丁の先で切ると、肉が反り返ることなく、均一に火が通る。

たたく

ロースなど厚めの肉は、包丁のみねで、真ん中から外側に向かって軽くたたいて伸ばすと、やわらかくなる。

穴をあける

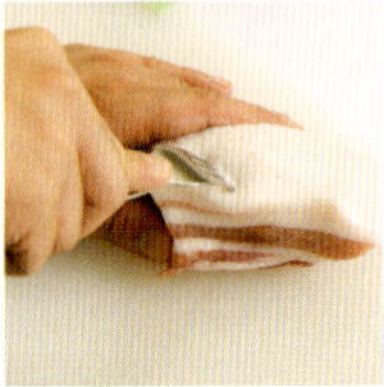

かたまり肉を煮込むとき、脂肪の部分に穴をあけると、火が通りやすく味もよくしみる。

包丁目を入れる

厚めの肉を焼くときは、肉の両面に格子状の切れ目を入れると、火の通りがよく味もなじみやすくなる。

鶏肉

鶏肉は、肉のなかでも傷みが早いので、手早く下ごしらえをしましょう。

厚い肉を開く

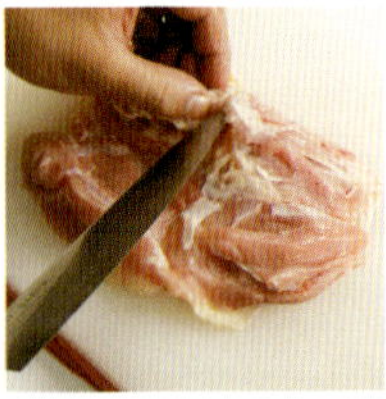

肉の中央に、厚みの半分まで切り込みを入れ、そこから左右にそぐように包丁を入れて開く。

不要物をとる

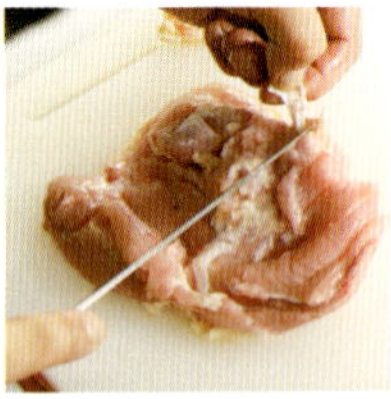

黄みがかった脂肪は、包丁で切り込みを入れて引っぱり取る。余分な皮も取り除く。

鶏肉のレバー

血のかたまりやヌメリを洗いとります。

不要物をとる

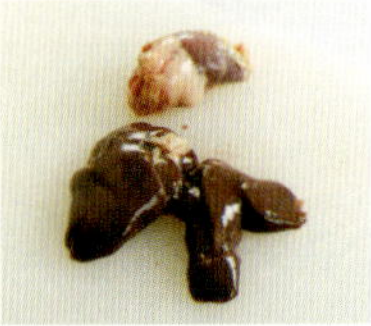

1
レバーからハツ(心臓)を取りはずす。

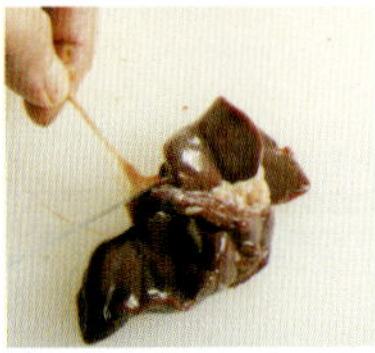

2
レバーについている筋と黄色い脂肪を、包丁で切り取る。

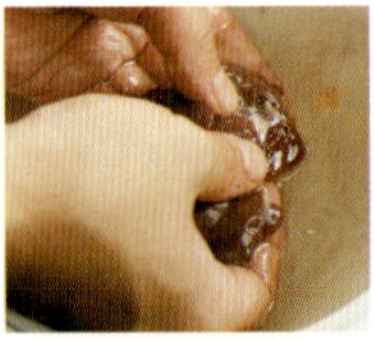

3
水の中に入れて指で軽くこすりながら、血や汚れを洗う。

4
水を換え、5分間つけておく。水をきり、食べやすい大きさに切る。

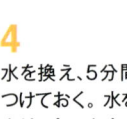

忙しいときにも便利

肉の冷凍保存

肉は、多めに買って、使わない分は鮮度が落ちないうちに冷凍保存を。3週間を目安に食べきります。

薄切り肉

1枚ずつ重ならないようにラップの上に並べ、上からもラップで覆い空気が入らないようぴっちり包む。ジッパー式保存袋に入れて冷凍する。

ひき肉

1回分(100g)ずつに分け、空気が入らないようにラップでぴっちりと平たく包み、ジッパー式保存袋に入れて冷凍。傷みやすいので早く使う。

短時間で
冷凍できるよう、
平たくして冷凍。
解凍したらすぐに
使うこと！

解凍のしかた

凍ったまま使う

ひき肉や薄切り肉は、凍ったまま火を通して調理する。

冷蔵庫でゆっくり解凍する

もっともうま味を逃がさない方法。半日から1日前に冷蔵室に移し、解凍する。

電子レンジを使う

電子レンジの生もの解凍機能を使って解凍する。加熱するのはNG。おいしい肉汁が外に出てしまい、調理しても味がしみなくなる。

流水にあてて解凍する

ジッパー式保存袋のまま流水にさらして解凍する。

下ごしらえをしてから冷凍する

ハンバーグや餃子など、焼く前の状態まで下ごしらえをして冷凍しておくと便利。食べるときは、凍ったまま加熱すればOK。揚げ物は、衣を付けた状態で冷凍し、そのまま油で揚げます。

食材について知る② 魚介類のキホン

魚介類は、なんといっても鮮度が大事。どこを見て選んだらよいのか、知っておきましょう。

切り身魚

鮭や鯛、たら、さわら、ぶりなど、大きな魚を食べやすく切り分けたもの。一尾魚と違い下処理の必要がないので、ラクに調理できます。

選ぶときのチェックポイント

身
透明感、張り、弾力があるもの

皮
張りと弾力があり、みずみずしいもの

切り口
みずみずしく、角がとがったもの

パッケージ内
汁けが出ていたり、霜がついているものは避ける

一尾魚

さんまやあじ、いわしなど、そのままの状態で売られている魚。内蔵が傷みやすいので、買ったらその日のうちに処理をしましょう。

選ぶときのチェックポイント

目
張り出していて澄んでいるもの

胴
みずみずしい光沢があり、傷がなく、ウロコがしっかりついているもの

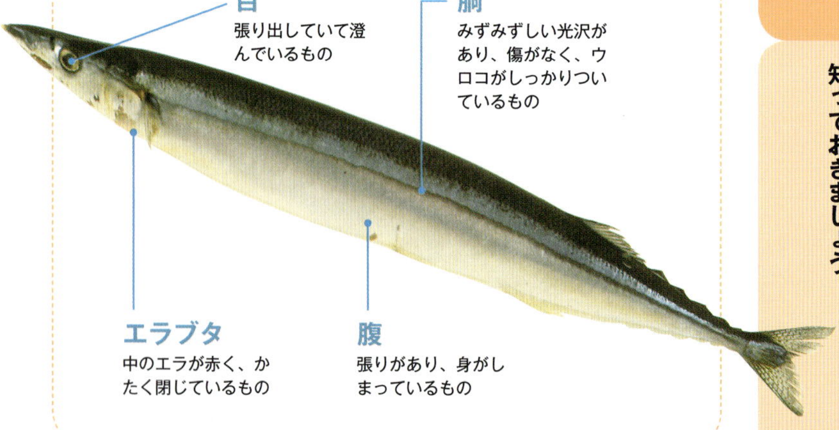

エラブタ
中のエラが赤く、かたく閉じているもの

腹
張りがあり、身がしまっているもの

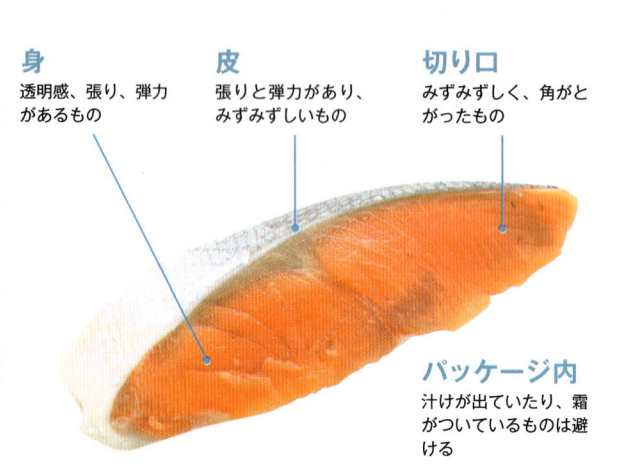

いか

あおりいか、あかいか、するめいかなどがありますが、いちばん多く出まわるのはするめいか。淡白な味で、どんな料理にも合います。

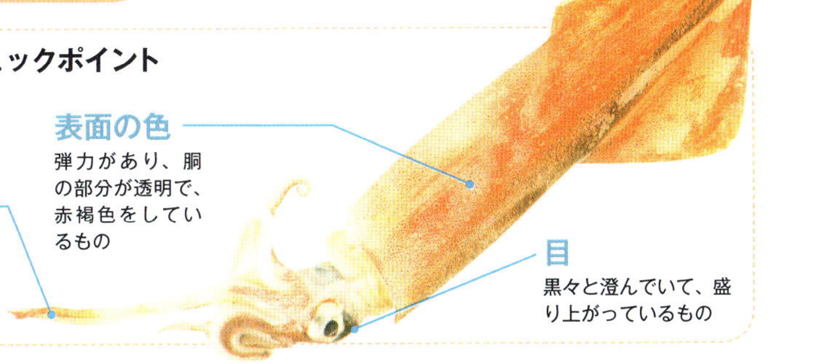

選ぶときのチェックポイント

表面の色
弾力があり、胴の部分が透明で、赤褐色をしているもの

吸盤
はがれずに、きれいについているもの

目
黒々と澄んでいて、盛り上がっているもの

えび

生のままか、冷凍されて売られています。冷凍は比較的安価で、下処理がしてあることが多いので使いやすく便利。使う分だけ水に入れて解凍し、調理します。生は鮮度が落ちやすいので、すぐに使いきります。

選ぶときのチェックポイント

しま模様
はっきりと横にしま模様が出ているもの

におい
においが強いものは、鮮度が落ちているので避ける

足
足がとれていないもの

貝

しじみやあさりはうま味が出るので、汁物や蒸し物に。はまぐりは吸い物や鍋物に向いています。砂抜きがすんでいるものは調理がラクです。

選ぶときのチェックポイント

貝殻
ツヤがありふっくらしたもの

音
貝と貝をぶつけたときに澄んだ音が出るもの

口
しっかりと口が閉じているもの

生臭みを消しておいしく

魚介類の下処理

魚介類は、下処理をていねいにすると生臭みが消えおいしくなります。一度覚えれば簡単なので、ぜひチャレンジして。

一尾魚

内臓から腐敗が始まるので、買ったらすぐに処理します。

三枚におろす

一尾の魚を、身と骨の3枚に切り分けます。あじで挑戦してみましょう。

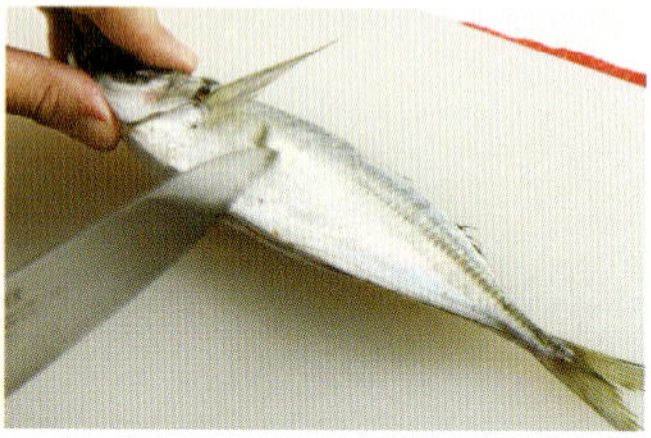

1 流水であじを洗い、まな板の上に頭を左にして置く。胸ビレの右側に包丁を入れ、中骨にあたるまで切り込みを入れる。

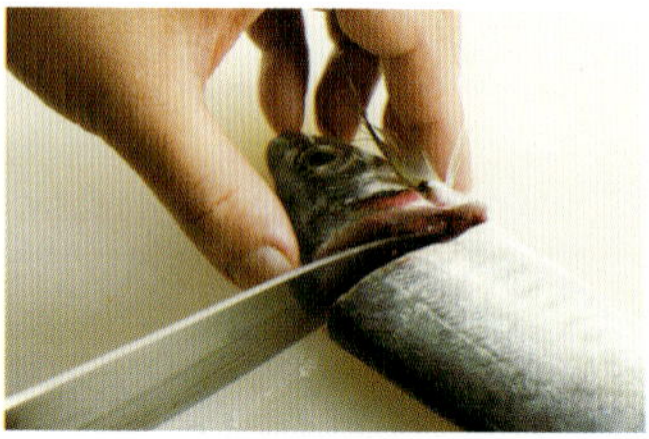

2 裏返して、同様に切り込みを入れ、そのまま中骨を断ち切り、頭を切り離す。

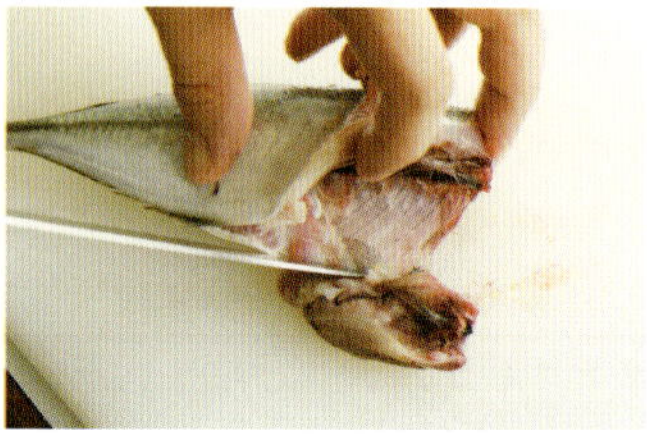

3 頭の付け根から尾に向けて包丁で切り開き、腹ワタをかき出す。

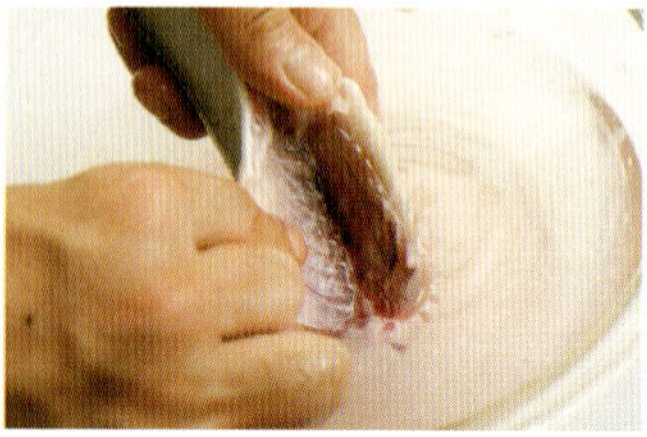

4 ボウルにためた海水程度の塩水(→P.30)の中で、腹の内部を指で洗い流し、キッチンペーパーで水けを拭き取る。

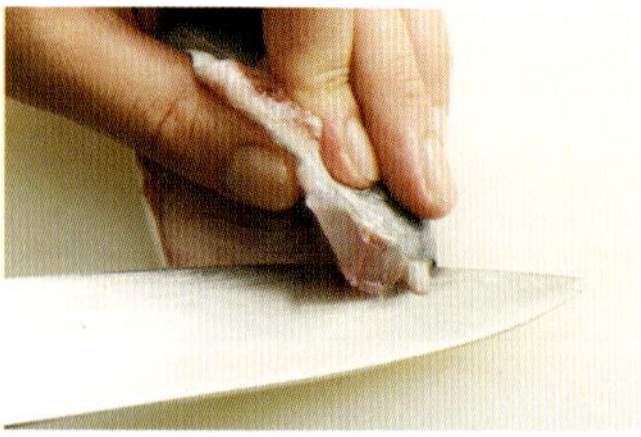

5 頭の切り口を右、腹を手前に置く。頭のほうから、背骨の上に包丁をのせ、のこぎりを引くように左側へ水平に切り進み、上身を切り離す。

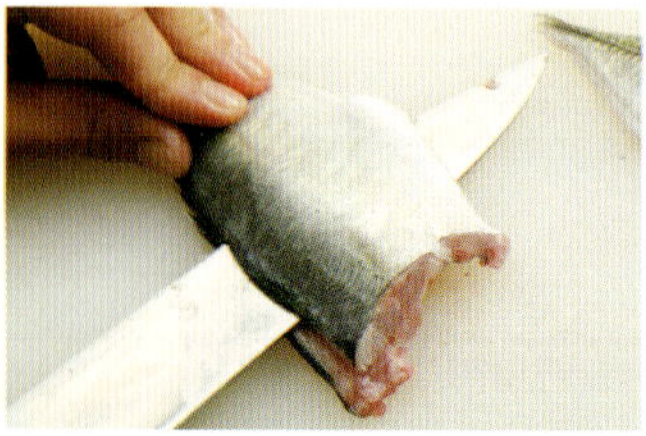

6 裏返して、同様に下身も切り離す。

いか

新鮮ないかはワタまで食べられるので、捨てる部分がほとんどありません。

解体する

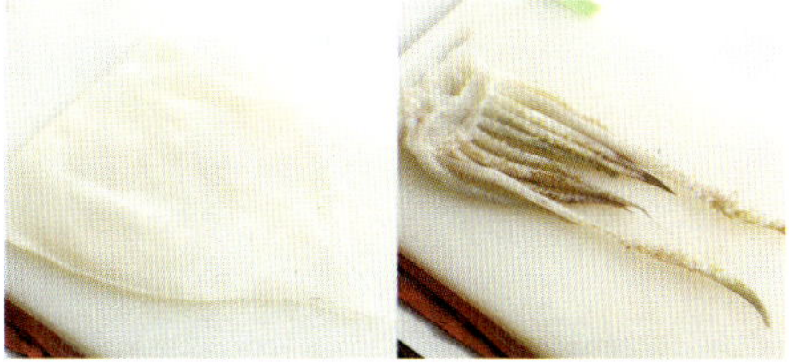

いかは、ゲソ(写真右、足の部分)と胴(写真左)に解体してから、調理に使います。

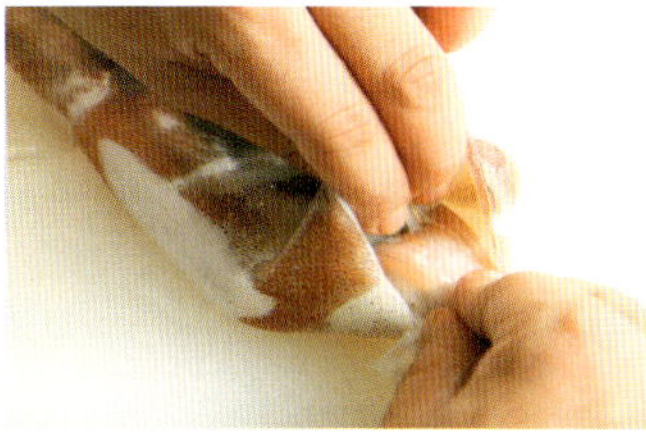

1 いかの胴体の内側に左手の指を差し込み、手探りで胴体とワタを引きはがす。

2 右手で目の付近を持って、そのまま胴体からワタとゲソを引き抜く。

3 いかの目の上に包丁を入れ、足とワタを切り離す。目の下に包丁を入れ、ゲソを切り離す。

4 指でゲソを1枚に開いてから長い足を短い足に揃えて切り、包丁で足から吸盤をこそげ取る。

5 胴体に付いたエンペラ(耳)を引きはがす。胴体の中央に内側から包丁を入れ、一枚に広げ、内側を掃除する。

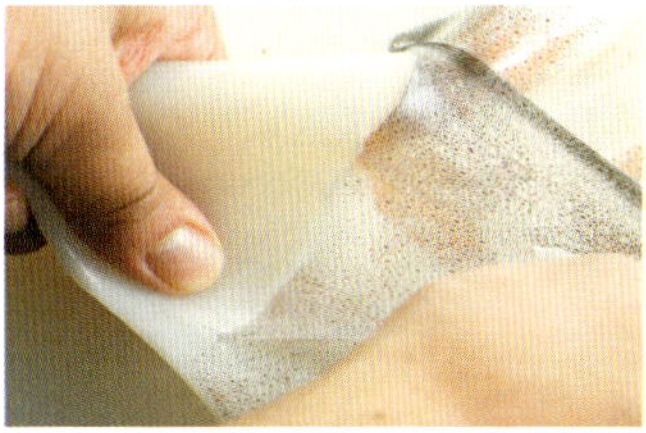

6 胴体のいちばん下の部分は包丁で切り取る。胴体に付いた皮をすべてはぎ取る。

えび

えびの背近くに付いている背ワタ（内臓）は、取り除かないと風味が落ちて、口当たりも悪くなります。

背ワタを取り除く

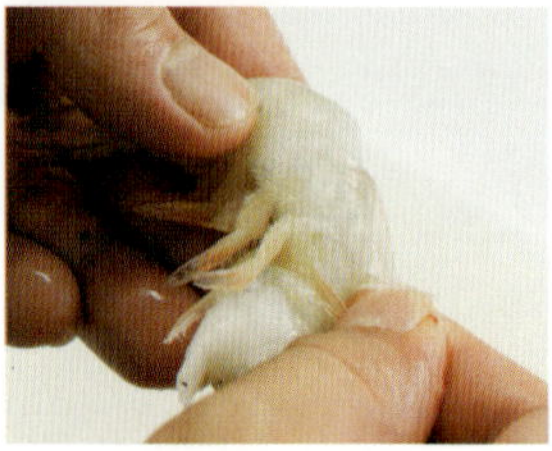

1 頭と胴体を手で切り離す。胴体に付いている殻と足をむき、尾も胴体から引き抜く。

2 えびの背中の上のほうに竹串を刺す。

3 竹串を上に引っ張り、背ワタを引き抜く。

貝

あさりやはまぐりなどの殻つきの貝類は、海水と同じくらいの濃さの塩水に浸し、砂を吐き出させてから調理します。

砂抜きをする

1 殻ごと真水でざぶざぶと洗う。

2 ボウルに作っておいた塩水(水200mℓに対し、塩小さじ1)につける。新聞紙などで覆って暗くし、2時間ほど涼しいところに置く。

3 再度、真水で洗う。

いかやえび、
貝は、ていねいに
下処理すると、
食感がよく
なります。

あさりとはまぐりの砂抜き

あさりやはまぐりなどの貝は、調理をする前に砂抜きをします。生息していた場所に近い状態にすると砂を吐き出しやすいため、海水と同じくらいの塩水にひと晩つけ、覆いをして暗くし、夏場は冷蔵庫の野菜室に。また、貝をざるに入れてつけると、一度吐き出した砂を再び飲み込むことを防げます。砂抜き済みのものは、しっかり洗ってから使いましょう。

鮮度が高いうちに！ 魚介類の冷凍保存

魚介類は、必ずワタを除いてから保存します。余分な水分を取り除くこともポイントです。

切り身魚

ひと切れずつ包んで保存

キッチンペーパーで水けを拭き取ってから、ひと切れずつラップで包んで、ビニール袋に入れて冷凍する。

一尾魚

内臓を取り除いて保存

水洗いをしてから、うろこと内蔵を取り除く。しっかり水けを拭き取り、一尾ずつラップに包んで、ビニール袋に入れて冷凍する。

いか

解体して保存

胴体とゲソ(足)に解体し、キッチンペーパーで水けを拭き取り、空気を抜きながらラップで包み、ジッパー式保存袋に入れて冷凍する。

解凍のしかた

冷蔵庫でゆっくり解凍
魚介類は鮮度が落ちやすいので、1日～半日かけて、冷蔵室でゆっくり解凍します。

流水にあてて
急いで解凍したい場合は、流水にあてて解凍。

そのまま調理する
食べやすい大きさに切ってから冷凍すれば、そのまま火を通して炒め物やパスタに。

魚の内臓を取る

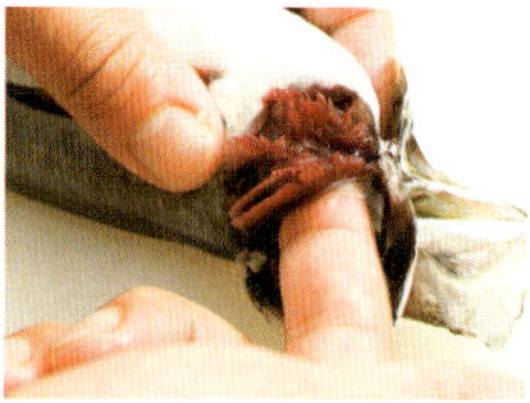

1 エラブタを広げ、指を差し込んでエラに引っかけ、そのままエラを引きずり出す。

2 右の腹部に包丁を入れる。

3 切り口から指を入れワタをかき出す。腹の中をしっかり洗いキッチンペーパーで水けを拭き取る。

食材について知る③ 野菜のキホン

根菜

栄養を蓄えた根の部分を食べる野菜。泥つきのままのほうが、長持ちします。かたく引き締まり、シワシワでないものを選びましょう。

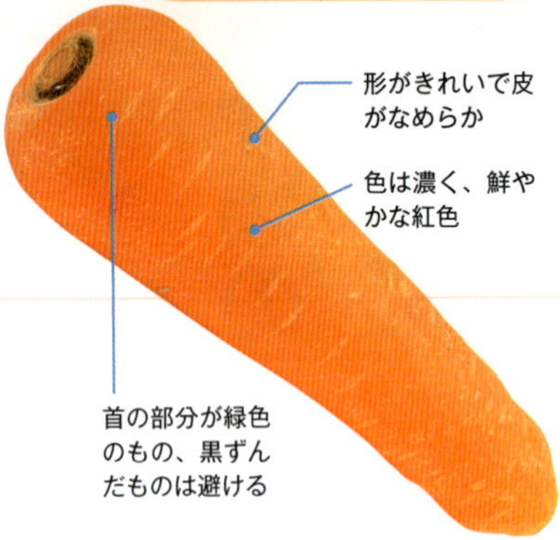

形がきれいで皮がなめらか
色は濃く、鮮やかな紅色
首の部分が緑色のもの、黒ずんだものは避ける

にんじん

ビタミンAやカロテンが豊富。甘みが強く、サラダなどの生食や、煮物、炒め物に向いています。

保存の方法

湿らせた新聞紙で包み、ビニール袋に入れ、根を下に立てて野菜室で保存。冬は常温で。

玉ねぎ

火を通すと甘みが出ます。生食のときは水にさらしますが、春に出る新玉ねぎは、辛みが弱いのでそのまま生食できます。

保存の方法

風通しがよく、日の当たらない涼しい場所に置く。1か月ほどで使いきる。切ったものはラップでぴっちり包み冷蔵保存し、なるべく早く使う。

皮に光沢がある
上部を押すとかたく弾力があり、重いもの
根が伸びたもの、芽が出ているものは避ける

じゃがいも

男爵、メークイーンといった種類があります。ホクホクした男爵は粉ふきいもなどに、メークイーンは煮崩れしにくいので煮物などに。

保存の方法

新聞紙で包み、暗く涼しい場所に置く。温度が高いと発芽しやすい。新じゃがは腐りやすいので1週間ほどで使いきる。

皮が薄い
表面がなめらかでシワがない
芽が出たり、緑がかったものは避ける

野菜は鮮度が大事。基本的には、小分けにされているものを、使いきれる分だけ買いましょう。

大根

カットして売られていることも。煮物に、また、生食でサラダ、大根おろしに。葉の部分も、炒めるとおいしい。

保存の方法

湿らせた新聞紙で包み、ビニール袋に入れ、根を下に立てて野菜室で保存。冬は常温で。

肌が白い
ずっしりと重く、たたくと詰まっている感じがする
根先がピンと張っている
泥つきのままのほうが保存がきく
ひび割れがない
根がまっすぐに伸びている

ごぼう

アクが強く、空気に触れると変色するため、切ったらすぐに酢水につけます。皮はたわしでこすってむきます。

保存の方法

新聞紙で包み、暗く涼しい場所に置く。

れんこん

スイレン科の植物の地下茎の部分。サクサクした歯ざわりが特徴。アクが強いので、切ったらすぐに酢水につけます。

保存の方法

新聞紙で包み、ビニール袋に入れて野菜室で保存。切ったものはラップでぴっちり包み冷蔵。

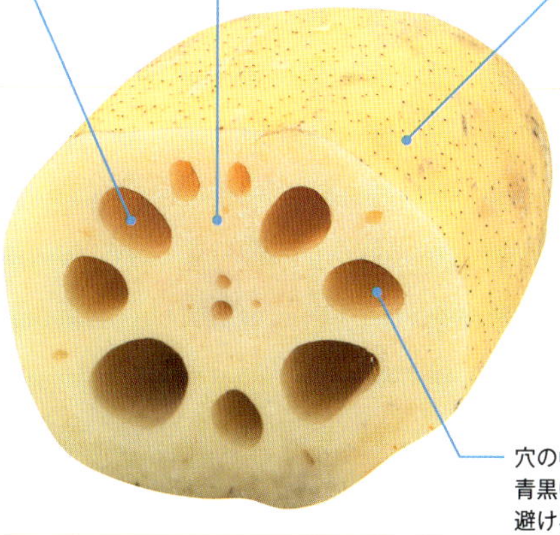
断面の穴が小さい
筋が少ない
よく太っている
穴の中の色が青黒いものは避ける

葉菜

生のまま食べることも多い葉菜は、とくに新鮮なものを。葉がみずみずしく、色鮮やかでツヤがあり、やわらかいものを選びます。

重量感がある
外側の葉が
鮮やかな緑
巻きがしっかりしている
茎の切り口が白くかたい

キャベツ

春に出まわるキャベツは、生食向き。冬キャベツは、味がよいので煮込み料理に。カットしてあるものは、カット面が盛り上がっていないものを。

保存の方法

いちばん外側の葉をとっておき、保存する分をその葉で包んでビニール袋に入れ、野菜室で保存。

適度な重みがある
巻きがふんわりしている
芯の切り口が変色しているものは避ける

レタス

サラダなど、生で食べるときは冷水につけてパリっとさせ、手でちぎります。スープや炒め物などに使うときは短時間の加熱で。

保存の方法

いちばん外側の葉をとっておき、残った分をその葉で包んで野菜室で保存。早めに使いきる。

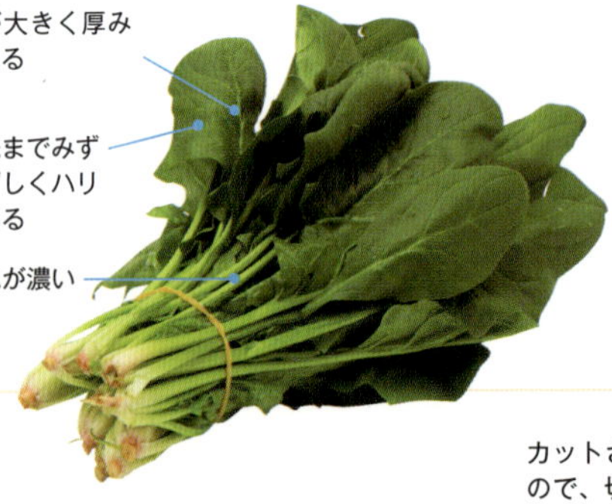
葉が大きく厚みがある
葉先までみずみずしくハリがある
緑色が濃い

ほうれん草

ほうれん草はアクが強いので、ゆでてから使います。野菜の中でも栄養が豊富。

保存の方法

湿った新聞紙で包み、ビニール袋に入れ野菜室で保存。葉が傷みやすいので1～2日で使いきる。

白菜

旬は冬。淡白な味で、煮ると甘みが引き出されます。鍋物、煮物、漬物に。

保存の方法

カットしてあるものはラップで包み直す。

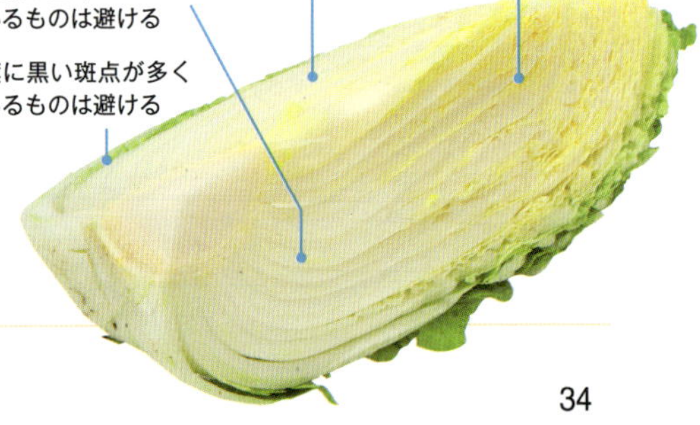
カットされているもので、切り口の面から葉が盛り上がっているものは避ける
重く、巻きがしっかりしている
ツヤ、弾力がある
葉に黒い斑点が多くあるものは避ける

果菜・花菜

なすやきゅうりなど、果実を食用にするものを果菜、ブロッコリーやカリフラワーなど、花やつぼみを食用とするものを花菜といいます。ツヤや弾力、色を見て選びましょう。

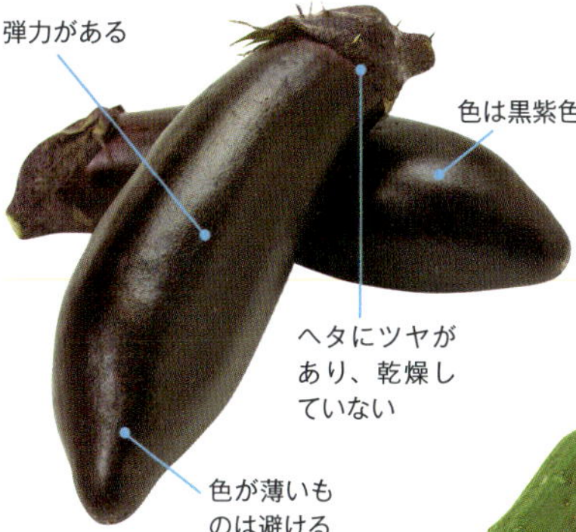
弾力がある
色は黒紫色
ヘタにツヤがあり、乾燥していない
色が薄いものは避ける

なす

種類が多く、丸なす、長なすなど、いろいろな形があります。油とよく合うので、炒め物、揚げ物に。

保存の方法

ビニール袋に入れて新聞紙で包み、野菜室で保存。風通しのよい日陰で常温保存も可。

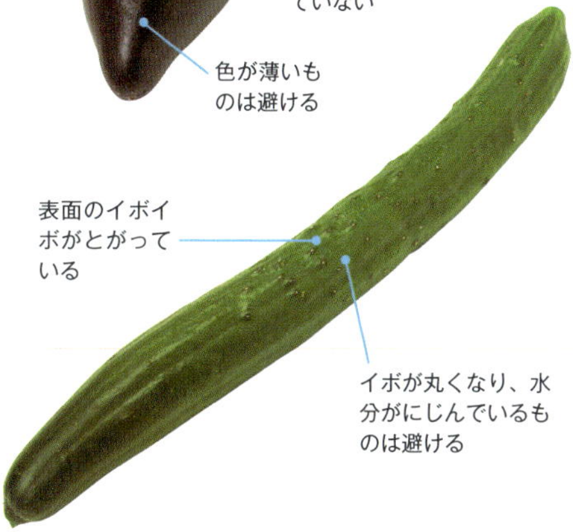
表面のイボイボがとがっている
イボが丸くなり、水分がにじんでいるものは避ける

きゅうり

生食でサラダや酢の物、漬物、また、炒め物にも。きゅうりについている白い粉は、きゅうりから出る成分。気にせず、水でさっと洗って使いましょう。

保存の方法

新聞紙で包み、ビニール袋などの保存袋に入れて野菜室で保存。呼吸ができるように袋に穴をあけておく。冬は常温保存も可。

ヘタのまわりが黒ずんだものは避ける
鮮やかな緑色でツヤがある

ピーマン

油と相性がよいので、炒め物によく使われます。独特の苦味と香りが特徴。

保存の方法

水けをしっかり拭き取り、ビニール袋に入れて野菜室で保存。

黄色いものは避ける
つぼみが小さい
全体にこんもりし、しまっている
切り口がみずみずしい

ブロッコリー

カロテン、ビタミンB、Cが豊富に含まれます。下ゆでしてから、サラダや炒め物などに。

保存の方法

ラップで包み、野菜室で保存。新鮮なうちに小分けにしてゆで、冷凍保存してもOK。

その他の野菜

ここでは、薬味に欠かせない長ねぎや、いろいろな料理に使えるきのこなど、その他の野菜を紹介します。

長ねぎ

1年中出まわりますが、旬は冬。寒さに当たると甘みが増しておいしくなります。薬味や香味野菜として欠かせません。

保存の方法

湿らせた新聞紙で包み、ビニール袋に入れ、野菜室で保存。冬は、日の当たらない風通しのよい場所で常温保存可。

アスパラガス

繊維がかたいので、ゆでたり炒めたり、火を通してから食べます。春先から初夏が旬の時期で、最もおいしいといわれます。

保存の方法

ラップで包み、穂先を下に立てて野菜室で保存。2～3日のうちに食べきる。

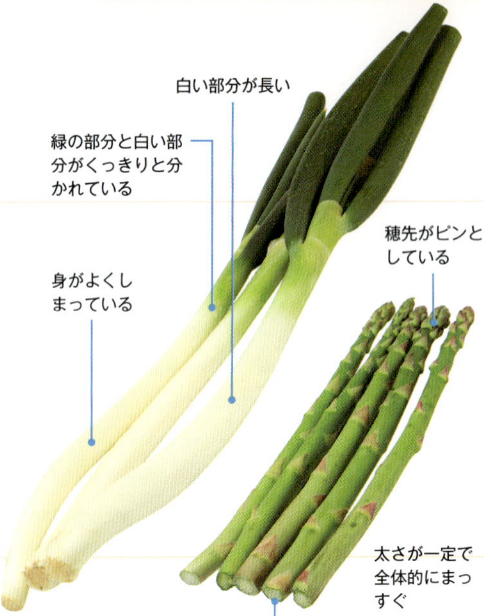
白い部分が長い
緑の部分と白い部分がくっきりと分かれている
身がよくしまっている
穂先がピンとしている
太さが一定で全体的にまっすぐ
根元の切り口がみずみずしい

しめじ

市販されているもので「しめじ」と表示されているもののほとんどは、「ひらたけ」の栽培品。天然の「本しめじ」は希少で、市場に出まわることはめったにありません。

保存の方法

パックのままか、ビニール袋に入れ、野菜室で保存。できるだけ早く使いきる。

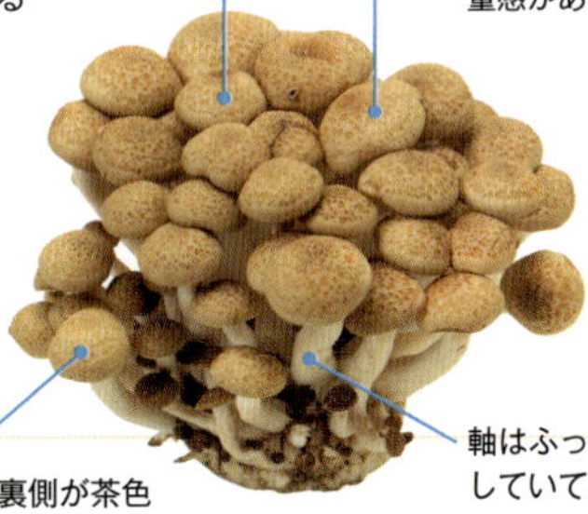
かさは小さめで弾力がある
密集していて重量感がある
かさの裏側が茶色いものは避ける
軸はふっくらとしていて、短め

えのきだけ

湿っているときに粘りが出るので、なめたけとも呼ばれます。きのこのなかではタンパク質とビタミンBが多く含まれます。

保存の方法

パックのままか、ビニール袋に入れ野菜室で保存。ラップに包んで、冷凍保存してもOK。

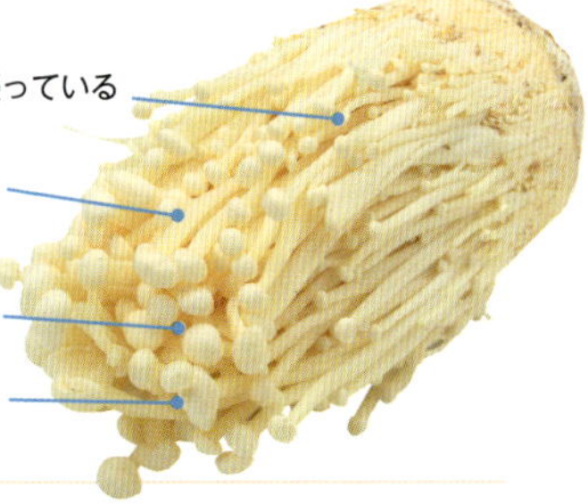
軸がピンと張っている
かさが完全に開ききっていない
全体的に薄いクリーム色
茶褐色で粘りのあるものは避ける

ちょっと贅沢に

果物を買う

ビタミンＣやカロテンを多く含む果物は、食欲がないときや、カゼをひいたときの栄養補給としても。

いちご

実はツヤのある鮮やかな赤、ヘタはきれいな緑色のものを選びましょう。春は安く買えるので、ジャムを作るのもおすすめ。

アボカド

黒っぽく、押してやわらかいものが食べごろ。切ったらレモン汁をかけて、変色を防ぎます。

ぶどう

デラウェア、巨峰、マスカットなど、さまざまな品種があります。表面に白い粉がついているものが新鮮です。

かき

カロテン、ビタミンCが豊富。かたさにゆるみがあり、濃いオレンジ色になっているものが食べごろです。

りんご

黒ずむくらい赤く、軽くたたいて金属のような音がしたら食べごろ。表面がべとべとしているのは新鮮な証拠。

すいか

ずっしりと重く、たたいて濁った音がしたら熟している証拠。低温になると甘みが増すので、冷やして食べましょう。

みかん

かたちは扁平で、ヘタは緑色で小さめ、へそが小さいものを。表面の色ムラがなく、ツヤがよいものを選びましょう。

バナナ

付け根が少しかためのものが新鮮です。褐色の斑点が出てきたら食べごろ。

上手に活用したい 加工食品のキホン

冷凍食品や缶詰などの加工食品は、調理時間が短縮できる便利食材。ひと手間かけて、おいしく召し上がれ。

冷凍食品

日持ちする冷凍食品は、安売りのときにまとめ買いしておきましょう。

シーフードミックス

魚介類の下処理の手間が省けます。凍ったままフライパンでから炒りし、余分な水分を捨てると、魚介の生臭みを抑えられます。

ミックスベジタブル

安くて栄養豊富なミックスベジタブルは、ひとり暮らしにおすすめ。食べたい分だけ解凍すればよいので、ムダになりません。

使えるその他の冷凍食品

ブロッコリーやほうれん草などのカット野菜も便利。ひじきの煮物やきんぴらごぼう、から揚げや餃子など、和・洋・中さまざまな惣菜の冷凍食品もあります。

缶詰

缶詰は、風通しがよく涼しい場所で保管。缶ブタに記されている賞味期限を確認しておきましょう。

ツナ缶

かつおやまぐろを油漬けしたもの。常備しておくと、サラダや炒め物、パスタなど、いろいろな料理で使えます。

コーン缶

粒タイプが便利。サラダのトッピングに、スープや炒め物の具に、トーストにのせてと、あると重宝します。

フルーツ缶

すぐに鮮度が落ちてしまう果物も缶詰なら長く保存が可能。ヨーグルトに入れたり甘いものが食べたいときに。

使えるその他の缶詰

トマトの水煮缶は、パスタのソースや煮込み料理に。さんまの蒲焼き、さばのみそ煮など、調理した魚の缶詰は、本格的な味つけで、おつまみにもぴったり。

大豆加工品

豆腐や納豆、厚揚げ、油揚げなど、大豆から作られる加工品は、ヘルシーで、使い勝手のよい食材です。

豆腐

きめ細かく舌触りがなめらかな「絹ごし豆腐」と、かたく粗い食感の「木綿豆腐」があります。水けをきって揚げだし豆腐や麻婆豆腐にしたり、そのまま切ってみそ汁の具にしたりします。

使えるその他の大豆加工品

大豆の水煮は、ドレッシングをかけてサラダにしたり、カレーやスープの具として使えます。豆腐を凍結乾燥させて作られる高野豆腐は、保存性が高く、数か月保存可能。

乾物

保存性や食品の味を高めるために、乾燥させた食材。干ししいたけや昆布などは、うま味があり、よい“だし”になります。

干ししいたけ

生しいたけを温風乾燥させたもの。戻すときは、軽く水洗いをしてから、かぶるくらいのぬるま湯に30分ほどつけて戻します。浮き上がらないよう、上に皿を置くとよいでしょう。

戻しかた

乾燥わかめ

塩蔵わかめ、カットわかめなどの種類があり、みそ汁の具やサラダに使います。種類によって戻しかたが異なるので、戻すときはパッケージの表示通りに戻しましょう。

戻しかた

使えるその他の乾物

切り干し大根は、戻して煮物などに。大豆、小豆など乾燥豆は戻すのに時間がかかりますが、水煮缶よりも栄養が失われずに豊富に含まれています。

ムダを減らす 冷蔵庫の使いかた

冷蔵室、冷凍室、野菜室をうまく使い分ければ、調理のときに作業しやすく、時間も電気代も節約できます。

冷蔵庫内の 配置

食材を取り出しやすいよう、どこに何を置くか決めてすっきり整理。詰め込まないようにしましょう。

PIZZA
MILK

食品を置く
場所を決めておくと
食材の使い忘れも
なくなります。

便利な保存グッズ

食材を保存するときは、空気に触れさせないことが大事。しっかり密閉できる容器を選びましょう。透明のものなら、中身が見えて探す手間が省けます。

密閉容器

中身が見える透明のものを。耐熱性で、積み重ねられるものが重宝します。

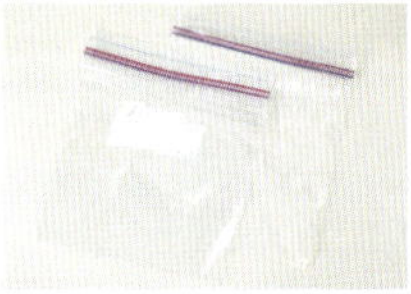

ジッパー式保存袋

袋で保存すれば、省スペースに。冷凍保存と電子レンジでの解凍ができるものがよいでしょう。

冷凍室

冷凍食品や冷凍保存をする食材を入れます。隙間なく詰めると冷気が逃げにくくなりますが、生ものを冷凍するには多少の隙間が必要。冷凍するものによって、詰めかたを変えましょう。

冷蔵室

温かい食品を入れるときは、冷ましてから入れましょう。調理済みのもののゾーン、肉のゾーンなど、庫内をブロック分けして入れると、整理しやすく、調理のときにスムーズに取り出せます。

野菜室

冷蔵室より少し高い温度で、野菜を保存するのに適した状態を保ちます。ほうれん草などの葉菜や、大根、にんじんなどの野菜は、新聞紙などで包み、立てて保存します。

ドアポケット

ドアの開閉によって温度が変化しがち。飲み物、調味料など、温度の変化の影響をあまり受けない食材を入れましょう。卵を入れる場合は、とがっているほうを下にして入れます。

上手に活用したい冷凍保存

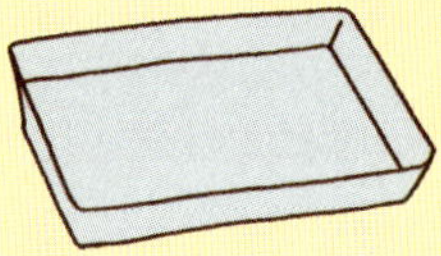

金属トレー

冷気を通しやすい金属トレーに乗せて冷凍すると、冷凍時間が短縮されます。

製氷機

スープやだしなどを製氷機に入れて凍らせたあと、保存袋で冷凍。使うときはそのまま温めます。

冷凍は、冷蔵よりはるかに長期の保存が可能。肉や魚はもちろん、葉野菜も下ゆですれば冷凍できます。冷凍庫のにおいが移る２週間から１か月までを期限に使いきります。一度解凍したら再冷凍はできません。使いやすい量で冷凍しましょう。

Column 残ったおかずを保存するときは

冷蔵保存のポイント

煮物などのおかずが残って冷蔵庫で保存するときに
気をつけたいポイントを押さえておきましょう。

ポイント 1

冷ましてから密閉してしまう

おかずが温かいうちに冷蔵庫に入れると、庫内の温度が上がってしまい、腐敗を進める原因に。おかずは室温で冷ましてから、清潔な密閉容器(→P.41)に入れ、しっかりフタをして冷蔵庫に入れます。

ポイント 2

なるべく早く食べきる

野菜の煮びたしなど、短時間で加熱したものや、味が薄い和え物などは、2日間を目安に。カレーやポトフ、豚の角煮など、比較的長めに加熱したものや味が濃いものは、3～4日間のうちに食べきりましょう。

ポイント 3

食べるときはよく加熱する

食べるときは、鍋に移して、おかずの中心までよく温まるように、じっくり加熱します。電子レンジで短時間で加熱すると、全体にまんべんなく火が通らないことがあるので、あまりおすすめできません。

1人分だと
作りにくい料理は、
多めに作って
冷蔵保存すると
便利です!

PART 3

調理のキホン

道具と食材が揃ったら、いよいよ調理です。包丁の使いかた、野菜の切りかたや、
加熱の方法、電子レンジなどの調理器具の使いかたなど、
調理のコツを押さえておきましょう。最初に正しく覚えれば、
料理の上達も早いはず。おいしいごはんの炊きかた、みそ汁の作りかたなど、
食事の基本となる調理方法もマスターします。

覚えれば簡単！
包丁を使いこなす

包丁の使いかたと野菜の切りかたをマスターしましょう。包丁を使いこなせば、調理が楽しくスムーズに。

包丁の使いかた

正しい使いかたを覚えれば、
ケガをすることもなく、安全に使えます。

各部の名称と使いかた

包丁は場所によって、切るものや切りかたが変わります。
覚えておけば、料理の腕もワンランクアップ。

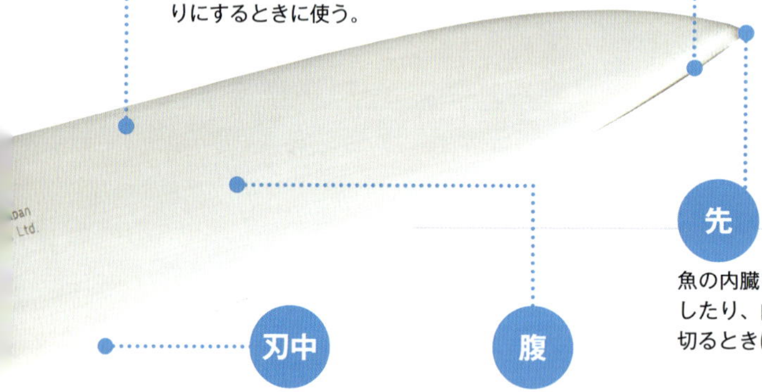

刃先
肉や魚を斜めに薄くそぎ切りにするときに使う。

先
魚の内臓を取り出したり、肉の筋を切るときに。

刃中
包丁で一番使う部分。野菜をきざんだり、肉や魚を切ったりする。

腹
きゅうりやにんにくを潰したり、肉をたたいたりする。

包丁の構えかた

体を調理台から約10cm離し、右足を少しだけ後ろにひいて立ちます。腰を少しひいて力を入れ、上体を安定させます。

包丁の持ちかた

握り型

柄の前方を親指以外の指で握り、親指を刃にそえる。力が入りリズミカルな動きがしやすいので、きざみものに向く。

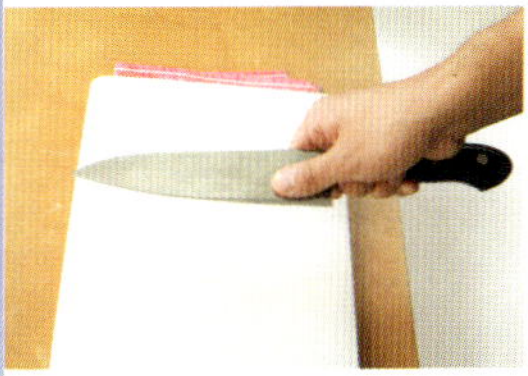

押さえ型

親指と人差し指で包丁の刃の柄に近い部分を挟み、残りの指で柄を軽く握る。皮をむくときに使いやすい。

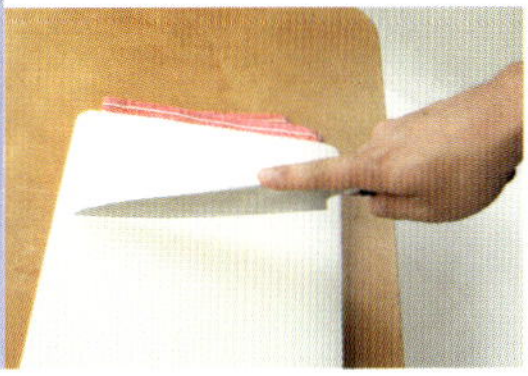

指差し型

柄を軽く握り、人差し指を包丁のみねにのせる。正確な動きができるので、肉や魚を切るときに向く。

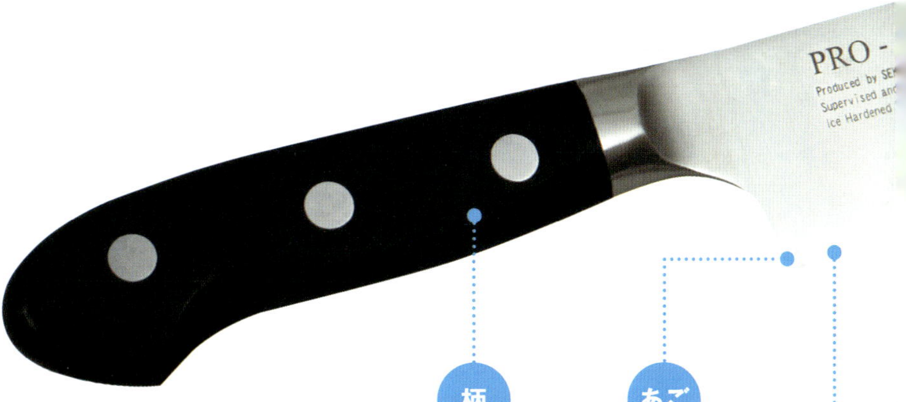

みね

ごぼうの皮や魚のウロコをこそげたり、肉をたたいたり、小骨を砕くときに使う。

柄

手でにぎる部分。包丁を持つ前は手を洗い、すべらないようにしっかり手を拭く。

あご

じゃがいもの芽をえぐるときや、魚のかたい骨を切るときに使う。

刃元

野菜や果物の皮をむいたり、骨やアラなどをたたき切るときにも。

まな板の下にふきんをしくと、まな板がずれず安全で切りやすくなります。

切りかたのキホン

大きさ厚さ、形を揃えると、味が均一になり、見た目もきれいになります。

短冊切り

厚めの輪切りを、幅1cm、厚み1～2mmの短冊型に切る。

厚めの輪切り

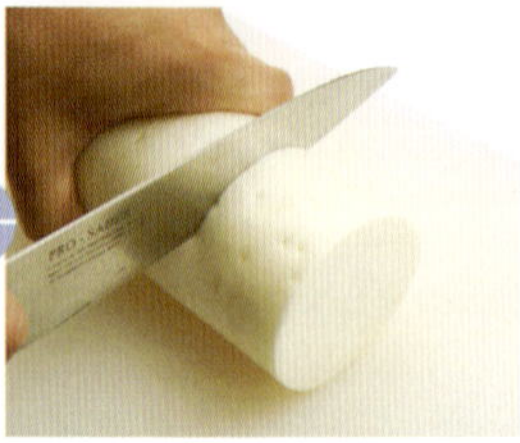

大根やにんじんなどの筒状の野菜を、5cmくらいの幅で切る方法。

輪切り

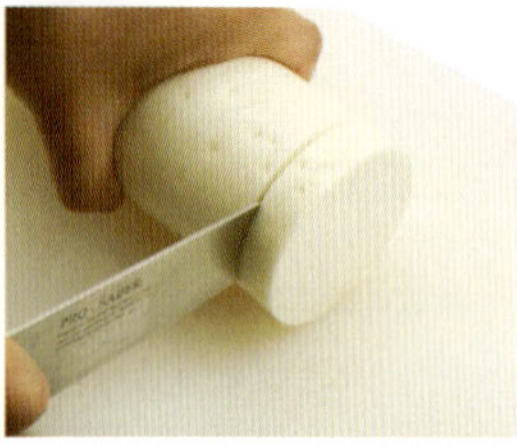

大根やにんじんなどの筒状の野菜を端から切る方法。切り口が円形になる。

拍子木切り

厚めの輪切りを、縦に8mmくらいの幅で切り、重ねる。

長さ4～5cm、厚み･幅ともに8mm前後の、拍子木の形(四角柱)に切る。

いちょう切り

厚めの輪切りの円形を十字に切って4等分にし、端から薄く切っていく。

切り口がいちょうの葉のような形になる。

半月切り

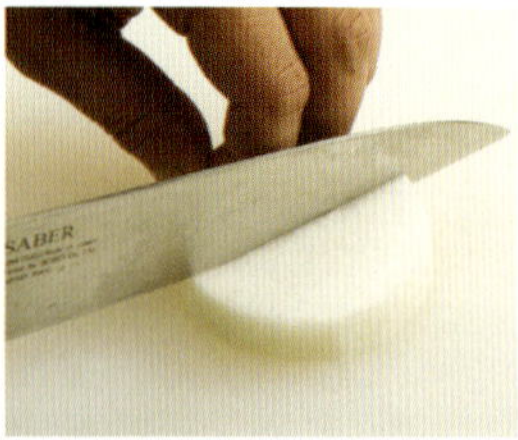

輪切りの円形を半分に切ったもの。

切り口が半月のように、半円形になる。

包丁を使うときの左手の使いかた

最もケガをしやすいのが左手の指先。材料を押さえるときは、軽くグーを握りネコの手のような形にすると安全。小さいものを切るときは、指先をまとめて包丁にそって立てると切りやすくなります。

さいの目切り

豆腐や大根などを正方形にする。縦横1cmの拍子木切りを、長さ1cmに切る。

薄切り1

繊維と同じ方向に薄く切っていく方法。「縦薄切り」という。

乱切り

材料をまわしながら切る。材料が太い場合は、縦に2～4つ割りにしてから乱切りにする。

くし形切り

球状の材料を、放射状に切り分ける。縦半分に切り、1/4、1/8と切っていく。

薄切り2

繊維を断ち切っていく方法。「横薄切り」という。

小口切り

長ねぎやきゅうりなど、細長い材料を端から薄く切っていく。

野菜の持ち味を生かした切りかたを

料理をおいしくするコツは、食材と調理法に合った切りかたをすること。生で食べるときは、薄切りや千切り（→P.48）などにして食感を楽しむ切りかたで、じっくり煮込んで素材の味を生かしたいときは、大きく切ります。

技あり！の切りかた

よく使う、玉ねぎのみじん切り、キャベツの千切り、じゃがいもの皮むきを、完璧にマスターしましょう！

じゃがいもの皮むき

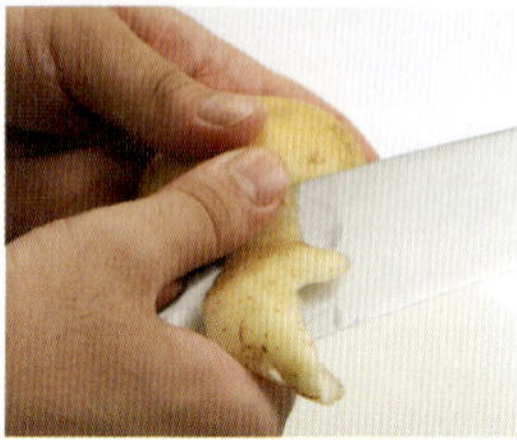

1 じゃがいもは水できれいに洗う。じゃがいもを左手で持ち、包丁は押さえ型で握り、皮をむく。

2 表面がくぼんでいるじゃがいもの芽を、包丁の刃元のあごの部分でえぐりとる。

力を入れて押し切るのではなく包丁の動きを助けるように手を動かそう。

キャベツの千切り

1 キャベツの芯のまわりに包丁で切り込みを入れ、手で葉を1枚ずつはがす。

2 1枚を半分に切り、白い葉脈の部分を取り除く。葉脈はかたいので捨てる。

3 さらに1/2、1/4に切り、繊維の向きを揃えて重ね、繊維に対して直角に細く切る。

玉ねぎのみじん切り

1 半分に切った面を下にして、まな板に置く。玉ねぎの根元に向かってまな板と水平に切り目を入れる。

2 玉ねぎの繊維にそって、縦に包丁で切り目を入れる。

3 小山に薄切りしていく。すべてきざんだら、刃先を支点に包丁を上下に動かして細かくきざむ。

ほかにもある
便利なキッチン小道具

包丁のほかにも、便利な道具があります。
また、ビニール袋など身近なものも、くふう次第で調理道具に！

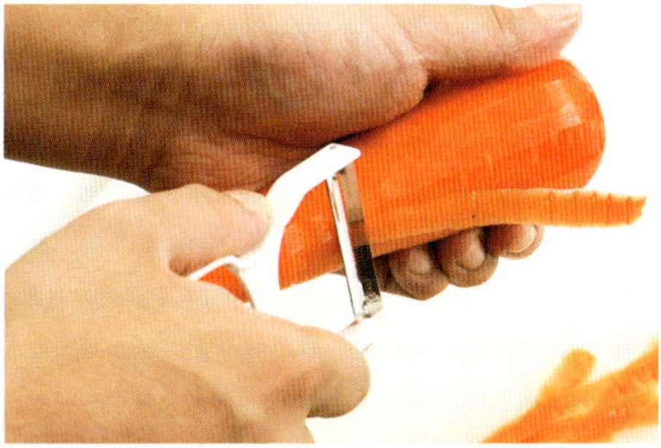

ピーラー

包丁を使わずに、にんじんや大根などの皮を簡単にむくことができ、調理時間を短縮できます。にんじんなどの薄切りにも使えます。

ピーラーを使うと便利なもの

- じゃがいも
- 山いも
- きゅうり
- セロリ
- アスパラ
- れんこん
- にんじん
- 大根

キッチンバサミ

パセリや小ねぎなど、包丁では切りにくい薬味を切るのに便利。魚やキムチなどの汚しやすいものは、皿やボウルの上で使えばまな板を汚しません。

キッチンバサミを使うと便利なもの

- 小ねぎなどの薬味
- えびの殻むき
- 鶏肉
- 春雨
- のりや昆布
- 魚のヒレや骨

ビニール袋

肉の下味をつける

ビニール袋に肉と調味料を入れてもみ、しばらく置いておきます。味がしっかりしみ込みます。

材料を砕く

クッキーやアーモンドなどを細かく砕いたり、きゅうりなどをたたいたりするときに便利。

フォーク

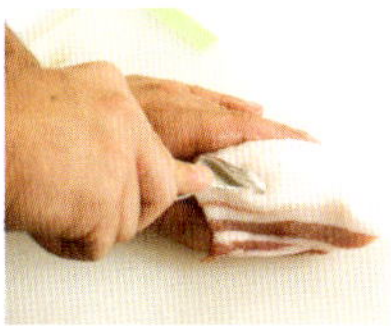

煮物の際、肉の脂身にフォークをさしておくと、肉がやわらかくなり、味がしみこみやすくなります。

アルミホイル

鍋と同じくらいの大きさに切り、ひとまわり小さく折りたためば、落としブタの代わりに。

調理方法で味が変わる 加熱方法のいろいろ

食材は、加熱のしかたによって味が変化します。火を使う調理方法を、少しずつマスターしていきましょう。

煮る

simmer

調味料を加えた煮汁の味を、素材にしみ込ませながら調理する方法です。煮ころがしや含め煮、炒り煮など、煮物にはいろいろな種類があります。調味料だけでなく、火加減も味を左右するので、火の調節も大切です。

ゆでる

boil

熱湯に入れて火にかけることで、食材の中まで加熱する調理方法です。大根やじゃがいもなどの根菜は水から入れて、時間をかけてゆでます。ほうれん草や小松菜などの青菜は、沸騰した湯で歯ざわりを残す程度にゆでます。

焼く

broil

表面を焦がすように焼くことで、食材のうま味を閉じ込める働きがあります。フライパンをはじめ、焼き網やオーブントースターなどで調理します。調理用具の特徴を見極めて、素材に合う焼きかたを選びましょう。

蒸す

steam

蒸気で食材を包み込んで加熱する調理方法。栄養の流出も少なく、油も使わないのでヘルシー。湯が沸騰して蒸気がいきわたってから、蒸し器の中に食材を入れます。蒸気が通りやすくなるように、隙間を作ることがポイント。

揚げる

fry

衣をつけた食材を、熱した油に入れて調理する方法。コツは、150℃～180℃の油で揚げること。食材と料理によって温度は異なります。材料が浮いてきて、衣がキツネ色になったら揚げ上がり。しっかり油をきります。

炒める

sauté

火にかけて油をよくなじませたフライパンに、食材を入れて調理する方法です。強火で短時間で仕上げるのがポイント。材料は火の通りにくいもの、味の出るものから順に入れます。つねに火から離さず、鍋の中を動かすようにします。

料理の決め手は火加減にある！

火を使う料理は、火加減によって食感や味に大きな違いが出ます。失敗をしないためにも、調理法に合った火加減を守りましょう。

強火

ツマミを全開にし、火が鍋の底全体に当たり、全体に少し広がるくらいの状態。一般的に、炒め物は強火で調理します。湯を早く沸かしたいとき、煮物の煮立つまでの間、また、料理の照りを出すときなどに。

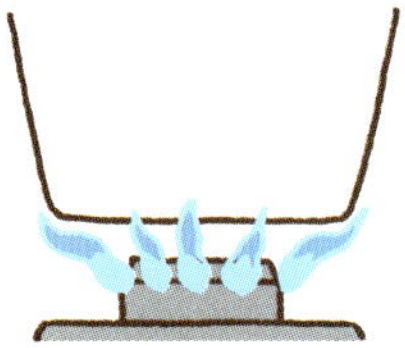

中火

ツマミを半開にし、火の先端が鍋の底に当たる状態。煮汁の少ない煮物や、じっくりと火を通したい炒め物に。また、スパゲティなどをゆでるときも、中火にします。

弱火

ツマミを1/3ほど開け、火の先端が鍋の底にあたらない状態。汁が多めの煮浸しのように、じっくりと味をしみ込ませたいときや、炒め物で、しょうがなどの香りを出すときに。さらに弱くした状態を「とろ火」といいます。

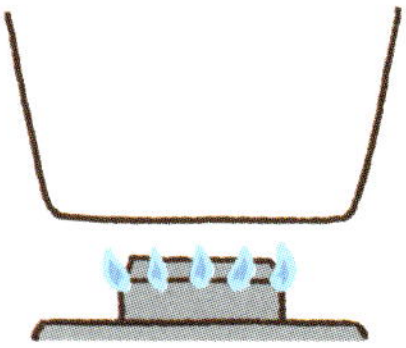

電子レンジ、オーブンレンジ、魚焼きグリルの特徴を知って、賢く使い分けましょう。

電子レンジ

電子レンジは出力の強弱をうまく使いこなしましょう。

基本的な機能

下ごしらえ

火が通りにくいじゃがいもなどは、電子レンジで一度加熱すると調理時間の短縮に。ブロッコリーなど下ゆでが必要な野菜も、電子レンジで温めてそのまま食べられます。

解凍

「解凍」機能は、急いでいるときに便利。生ものは半生の状態まで解凍し、あとは自然解凍。肉や魚などの汁けが出るものは、キッチンペーパーを下にしいて。

温めなおし

電子レンジで使える食器や容器に入れたり、ラップをかけたりして温めます。アルミホイルや金の模様が入っている陶器、耐熱ではない容器は使えません。ごはん1杯は約1分を目安に。

使いこなすコツ

加熱時間の注意

電子レンジのワット数によって、加熱温度が異なるので、時間も変わります。失敗しないためには、ワット数と加熱時間を守るようにしましょう。

置く位置に注意

ターンテーブル式の場合、置く位置によって加熱温度が変わります。端にいくほど温度が高くなるので、よく熱を通したいときは端のほうに置きましょう。

ラップのかけかた

短い時間で加熱する場合はぴっちりと、長く加熱するときはふわっとラップをかけます。水分をとばしたいときはラップをかけずに。

電子レンジを使って料理の下ごしらえ

手間のかかる水抜きや油抜き、加熱が、電子レンジを使えば簡単に！

じゃがいもの加熱

1 皮がついたじゃがいもをラップでぴっちり包み、5分加熱。

2 熱いじゃがいもをふきんで包み、手で皮をむく。

油揚げの油抜き

1 油揚げをキッチンペーパーで包み、電子レンジで30秒加熱。

2 しばらく置いておくと、油がキッチンペーパーにしみ込む。

豆腐の水抜き

1 耐熱皿に豆腐を入れ、ラップをかけ電子レンジで90秒加熱。

2 ざるに上げ、水けをきる。

オーブンレンジ

電子レンジのオーブン機能で、パンはもちろん、いろいろな料理が作れます。

オーブンレンジを使った料理

ホイル焼き

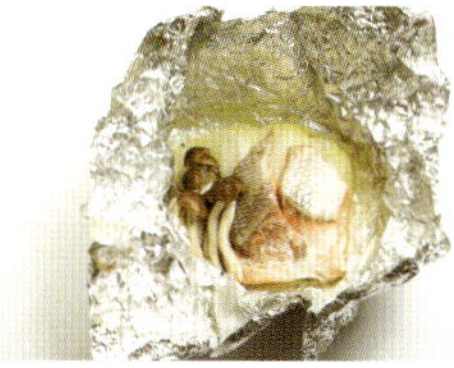

ホイルの上に好きな具材をのせ、きっちり包んでオーブントースターで焼くだけ。ホイル焼きのでき上がり。

グラタン

ちょっと難しそうなグラタンも、オーブントースターで簡単に焼くことができます。(→P.96)。

魚焼きグリル

焼けるのは魚だけではありません！強い火力で一気に焼き上げ、ほどよく焦げ目をつけられます。

魚焼きグリルを使った料理

野菜焼き

野菜のうま味が濃縮されて、おいしく焼けます。オイルをぬったり、塩やしょうゆをかけて。

焼き鳥

表面にはこんがりと焼き色がつき、中はジューシーに焼き上がります。

あじの開き

火力が強いので短時間で、表面はパリッと、中はやわらかに焼き上がります。

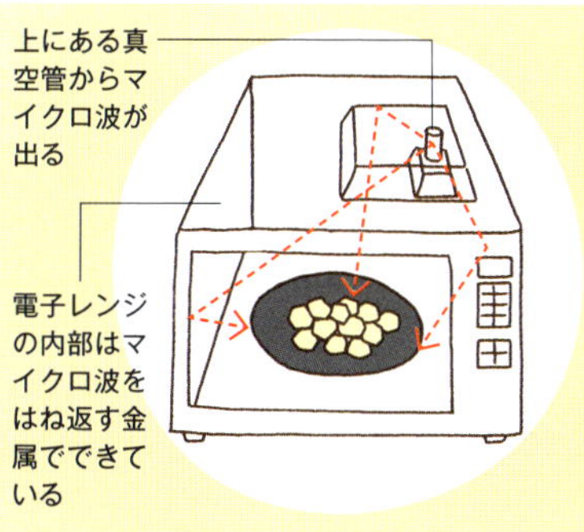
上にある真空管からマイクロ波が出る
電子レンジの内部はマイクロ波をはね返す金属でできている

電子レンジの加熱のしくみ

電子レンジはマイクロ波という電磁波で食品を温めます。マイクロ波は金属に反射し、空気やガラス、紙を通り抜け、水だけに吸収されるという性質があります。その性質を利用して、食品の中に含まれる水分を摩擦し、その振動熱で食品を温めます。

ごはんを炊く

米のとぎかた

精米技術の発展した現代では、手早くさっとすすぐ程度に洗うのがコツ。

基本のとぎかた

1 分量どおりに米をはかる(米用の計量カップ:180mℓですりきり1杯が1合分)。

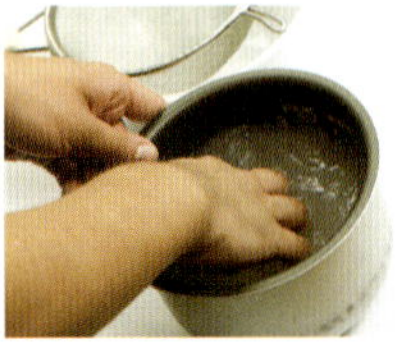

2 ボウルに米を入れて水を注ぎ、ひと混ぜしてすぐに水を捨てる。

3 再度水を注いで指先でよく混ぜ、水を捨てる。

4 3を4～5回くり返し、水が透明になるまで続ける。

5 ざるに上げて30分置き、水けをきる。

とぐときは、力を入れずに軽くすすぐ程度に!

無洗米はなぜとがなくていいの?

胚芽
普通のヌカ
肌ヌカ
玄米
精米
精白米
無洗米加工
無洗米
肌ヌカがとれている
肌ヌカがとれている状態なので、とぎ洗いは必要ありません。
肌ヌカがまだ残っている
米をとぎ洗いすると、この肌ヌカが取り除かれます。

無洗米は、精米行程の後に無洗米加工をして作られる米です。とぎ洗いをしなくてよいので、しばらく水につけたらそのまま炊きましょう。

ごはんが余ったら、冷ましてラップに包んで冷凍保存。いちばんうま味が逃げない保存方法です。

炊飯器でごはんを炊く

炊飯器は、といだ米と水を入れてスイッチを入れるだけでごはんが炊けます。

基本の炊きかた

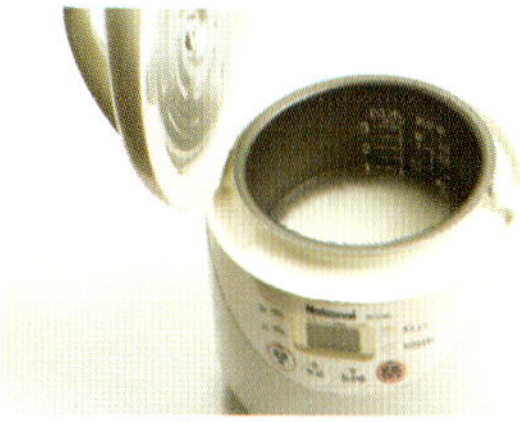

1 といで水けをきった米を炊飯釜に入れ、目盛りまで水を注ぐ。「炊飯」のスイッチを入れる。

2 炊き上がったら、ぬらしたしゃもじで底から全体を返すようにしてほぐす。こうすると空気が入り、余分な水分がとんでおいしくなる。

フライパンでごはんを炊く

フライパンや鍋でもごはんが炊けます。コツを覚えれば簡単。

炊飯器がないときは

1 といで水けをきった米をフライパンに入れ、水(米1合に対して水220mℓ)を注ぐ。

2 フライパンにフタをして、強めの中火にかける。蒸気が出てきて沸騰したら、すぐに弱火にする。ふきこぼれてもフタは外さない。

3 火にかけてから約18分たったら10秒強火にして、余分な水分をとばす。火を止めて約10分間、そのまま蒸らす。

4 フタをあけ、底から全体をほぐす。すぐ食べないときは、フライパンの上にふきんをかぶせてその上からフタをし、余分な水分を吸収させる。

体が喜ぶ健康食
みそ汁を作る

日本人にとって大切なみそ汁。だし汁に具材を入れてみそを溶かすだけの、手軽でおいしい作りかたを紹介します。

みその種類

地域によって、いろいろなみそがあります。好みのものを選びましょう。

八丁みそ
大豆を原料とした赤褐色の辛口の豆みそ。成熟期間が長いので、塩分が高め。愛知県で生産されています。

白みそ
成熟期間が短いので、塩分は低め。麹の糖分で甘い風味があります。西京みそが有名です。

米みそ
大豆と米を材料として作られた辛口のみそ。信州を中心に生産され、関東地方での需要が高いみそです。

みそ汁の作りかた

だしは自分でとるか市販のだしの素を使いましょう。

基本の豆腐と長ねぎのみそ汁

1 豆腐は1cm角に切り、長ねぎは小口切りにする。

2 鍋にだし汁を入れて弱火にかけ、沸騰しかけたらみそをのせたスプーンを鍋に入れ、はしなどでみそを溶かす。

3 豆腐を入れて、1分温める。

4 長ねぎを入れて火を止める。

材料(1人分)

だし汁 ……	150mℓ
みそ ………	小さじ2
絹ごし豆腐 …	1/4丁
長ねぎ …………	4cm

POINT

おいしいみそ汁を作るポイント

- しっかりとみそを溶かし、全体に混ぜる。
- みそを入れてから沸騰させると香りがとんでしまうので、弱火を保つ。

本格的に

だしをとってみよう

にぼしやこんぶでとるだしは、市販のだしの素と比べると、
ひと味もふた味も違います。挑戦してみましょう。

基本の昆布だしをとる

材料(作りやすい量)

水…………… 500mℓ
だし昆布 …… 10cm
かつお節 ……… 5g

1 だし昆布をサッと水で洗い、鍋に入れ、水を注ぐ。

2 鍋を弱火にかけ、沸騰する直前に昆布を取り出す。

3 沸騰したらかつお節を入れ、とろ火で約2分煮出す。

4 火を止めて、かつお節が完全に沈むまでそのままにする。

5 ざるにキッチンペーパーをしき、だしをこす。

POINT

おいしい昆布だしを作るポイント

昆布を入れたまま沸騰させると、苦みが出るので、気をつけましょう。

にぼしだしをとる

材料(作りやすい量)

水…………… 500mℓ
にぼし…………… 15g

1 にぼしの頭と腹を手でつまんで、頭をワタ(腹の内臓の部分)ごとちぎって取り除く。

2 にぼしを鍋に入れて弱火にかけ、香ばしい香りがするまでから煎りする。

3 水を注ぎ、沸騰しそうになったらとろ火にして約10分煮出し、ざるでこす。

POINT

おいしいにぼしだしを作るポイント

だしをとる前に、から煎りするのがポイント。にぼしの臭みを消すことができます。

小さい鍋でもOK! 麺をゆでる

パスタのゆでかた

芯が少し残る“アルデンテ”がおいしいとされるゆで加減。

太さはお好みで

太いもの、細いものなどいろいろな種類があるので、作る料理によって選びましょう。

パスタ1人分の分量

1人分は約80～100g。手でつかんだときの束の直径は10円玉程度。たっぷりの湯を沸かし、多めの塩を入れてゆでます。

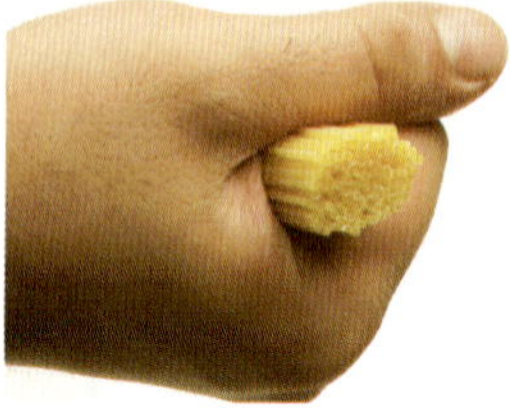

パスタをゆでる

材料(1人分)

パスタ	100g
水	1 ℓ
塩	大さじ 1

1 鍋に水を入れて強火にかける。沸騰したら、塩を入れ混ぜる。

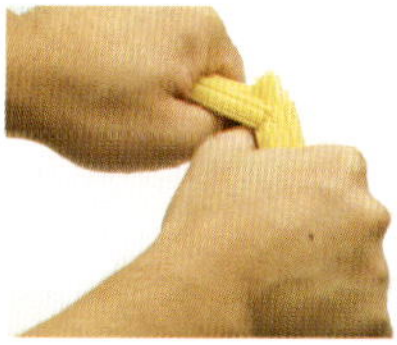

2 再度沸騰したら、スパゲッティを半分に折り、パラパラと入れる。

3 弱めの中火にして、ときどき混ぜながら表示時間に合わせてゆでる。

4 スパゲッティをざるに上げる。

※すぐに調理しないときはオリーブオイルなどの油をあえておくと、麺同士がくっつかない。

POINT

おいしいパスタをゆでるポイント

- 熱湯に塩を入れることで、麺に適度な塩味がつき、湯の温度が下がりすぎない効果があります。
- ゆですぎないよう、時間より前に1～2本取り、食べてみてかたさの確認を。

大きな鍋がないときは、小さな鍋でも。半分に折ったり、少しずつ入れるとよいでしょう。

乾麺のゆでかた

パスタと同様に、ゆですぎないこと。ふきこぼれそうになったら火を弱めます。

乾麺1人分の分量

1人分は約80～100g。手でつかんだときの束の直径は10円玉程度。たっぷりの湯でゆでます。

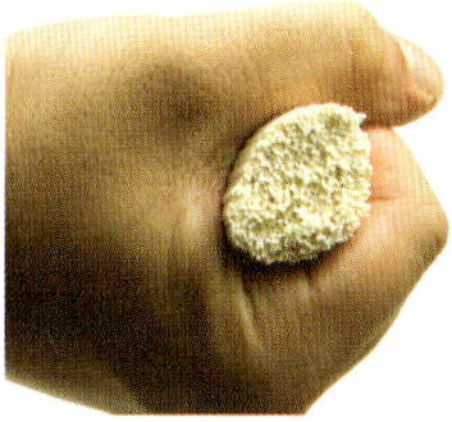

どんな乾麺も基本は同じ

そうめん、そば、うどんと、いろいろな乾麺がありますが、ゆで時間をかえて同様のゆでかたでOK！

そうめんをゆでる

材料（1人分）

そうめん…… 100g
水……………… 1 ℓ

1 鍋に水を入れ強火で沸騰させ、そうめんをパラパラとほぐして入れる。

2 弱めの中火にして、ふき出さないようにときどき混ぜながらゆでる。

3 そうめんをざるに上げ、ボウルに移す。流水であら熱をとりながら、そうめんをもみ洗いし、ぬめりをとる。

4 そうめんを再度ざるに上げ、ボウルの中に氷水を作る。そうめんを入れ、しっかり冷やし水けをきる。

POINT

おいしいそうめんをゆでるポイント

- ゆで時間はパッケージの表示をみて、きちんとはかりましょう。
- しっかりともみ洗いし、そうめんについた塩分と油分とぬめりをとります。

買い置きができ、手早く調理ができる乾麺は、小腹がすいたときの一食にも！

Column

もっともおいしい

旬の食材を食べよう

味がよく、多く出まわる時期を「旬」といいます。魚は脂がのり、
野菜の栄養ももっとも多くなります。
食材選びに迷ったら、旬の食材を買いましょう。

旬の食材カレンダー

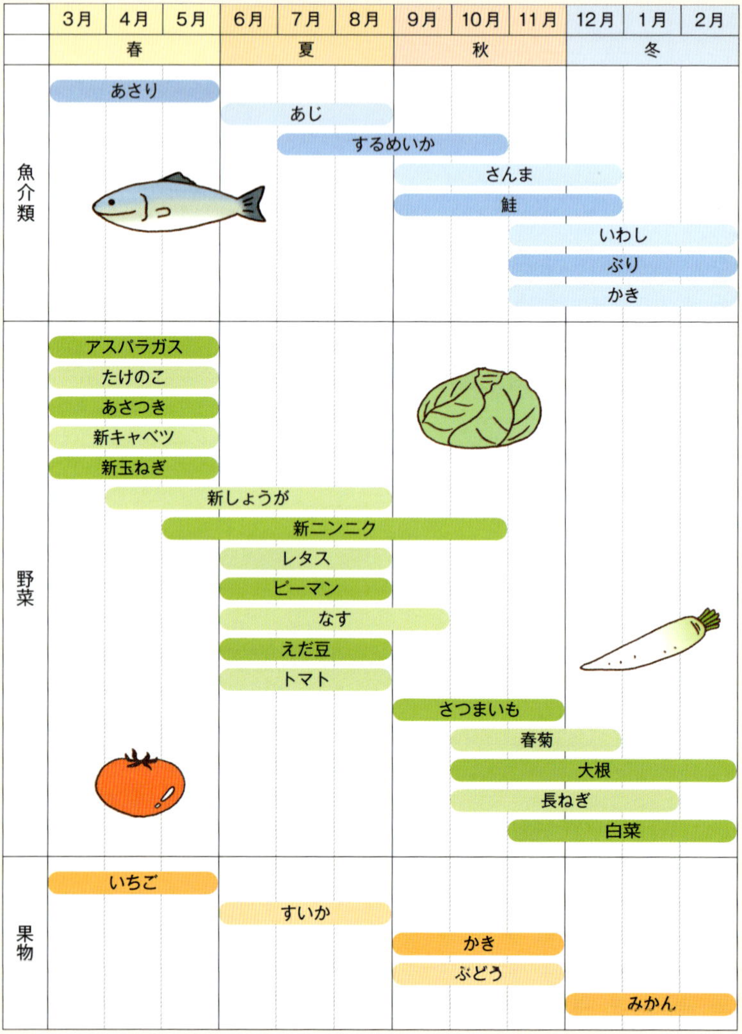

PART 4

キホンの食材だけで作る簡単レシピ26

ここでは、PART1 で紹介したキホンの調理道具と食器、調味料、
そして、PART2のP.18～19で紹介した、キホンの食材14だけを使ってできる
簡単レシピを紹介します。少ない食材で手間をかけずにできるのに、
できあがる料理は、おいしくて食べごたえのあるものばかり！
あれこれ考えるよりも、まずは作ってみてください。

豚しょうが焼き

20分

ボリューム満点、ごはんがすすむおかずの定番です。
豚肉に下味をつけてから炒めます。

材料

1人分

豚バラ薄切り肉	80g
玉ねぎ	1/4個
サラダ油①	小さじ1
サラダ油②	小さじ2

A	砂糖	小さじ1/2
	しょうゆ	小さじ2
	酒	小さじ1
	みりん	小さじ1
	おろししょうが	小さじ1
	水	大さじ1

作り方

1 豚肉を半分の長さに切り、Aに10分漬け、ざるに上げて汁けをきる。漬け汁はとっておく。

付け合わせ キャベツ2枚(100g)を千切りにする。

2 玉ねぎは、繊維に対して直角に5mm幅に切る。

3 フライパンに油①を入れ中火で熱し、玉ねぎを加えてしんなりするまで炒めて取り出す。

4 フライパンをきれいに拭き、油②を入れ中火で熱し、豚肉を加えて炒める。全体に焼き色がついたら玉ねぎを加え、1の漬け汁を注ぎ、汁けをとばす。

5 皿にしょうが焼きをのせる。

付け合わせ しょうが焼きの横に、キャベツの千切りを添える。

Point

漬け汁はとっておき、仕上げに使う

玉ねぎと豚肉を別々に炒め、玉ねぎが焦げるのを防ぎます。玉ねぎと豚肉を混ぜ合わせてから漬け汁を注ぎ手早く炒めれば、肉はジューシーに、玉ねぎはしゃきっと仕上がります。

ハンバーグ

30分

肉のうま味たっぷり、ジューシーなハンバーグは、
ぜひ得意料理のレパートリーのひとつに。

材料

1人分

	あいびき肉	150g
	玉ねぎ	1/4個
	塩	少々
	サラダ油①	小さじ1
	サラダ油②	小さじ1
A	白こしょう	少々
	マヨネーズ	大さじ1
	パン粉	大さじ2
B	ウスターソース	小さじ2
	ケチャップ	大さじ1と1/2
	水	大さじ1

作り方

1 フライパンに油①を入れ中火で熱し、みじん切りにした玉ねぎを加えて炒める。しんなりしたら取り出して冷ます。

付け合わせ じゃがいも1個をよく洗い、皮ごとラップに包んで電子レンジで5分加熱し、半分に切る。

2 ひき肉をボウルに入れ、塩を加えて練り、Aと1の玉ねぎを加えてよく混ぜる。粘りが出たらひとまとめにし、ボウルの底にたたきつけて空気を抜く。2cmの厚さの円形に成形し、中央に指でくぼみを作る。

3 フライパンに油②を入れ中火で熱し、ハンバーグのくぼんだ面を下にして2分焼く。焼き色がついたら裏返し、弱火で6～7分じっくり中まで火を通す。

付け合わせ ハンバーグの横にじゃがいもを並べ、焼き色がついたら取り出し、塩、粗びき黒こしょうを各少々ふる。

4 ハンバーグに火が通ったら(竹串で刺し透明な汁が出てくればOK)取り出す。

5 フライパンを拭きBを入れ、弱火で煮詰めて、ハンバーグにかける。

Point

しっかりくぼみを入れて生焼けを防ぐ

肉を焼くと縮んで真ん中がふくらみ、厚くなるので、中が十分に焼けないことがあります。中心にしっかりくぼみを入れて、生焼けを防ぎます。

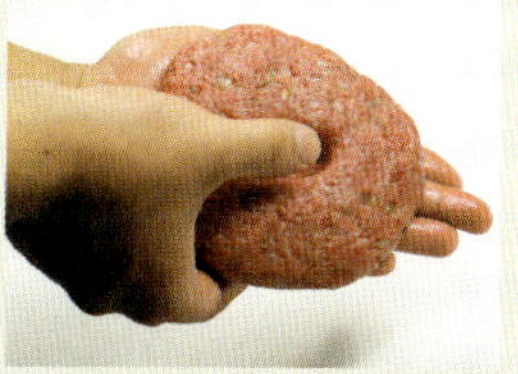

肉野菜炒め

20分

炒める前ににんじんやキャベツを電子レンジにかけておくと、シャキシャキした歯ざわりが損なわれません。

材料

（1人分）

豚バラ薄切り肉	50g
玉ねぎ	1/4 個
にんじん	4cm
キャベツ	2枚（100g）
サラダ油	小さじ 2
A 塩	少々
白こしょう	少々
B 砂糖	小さじ 1/2
塩	少々
しょうゆ	小さじ 2
鶏がらスープの素	小さじ 2/3

作り方

1 玉ねぎは繊維に対して直角に5mm幅に、にんじんは皮をむいて5mm幅の短冊切りに、キャベツは3cm角に切る。豚肉は3等分の長さに切る。

2 耐熱皿ににんじんとキャベツを広げてラップをかけ、電子レンジで90秒加熱し、ざるに上げる。

3 フライパンに油を入れ中火で熱し、豚肉を並べて炒め、Aをふる。肉に火が通ったら玉ねぎを加え、全体に油がまわったら、にんじんとキャベツを加えてよく混ぜる。野菜がしんなりしたら強火にしてBを入れひと炒めする。

肉じゃが

30分

炒めてから水を入れると、火の通りもよく、煮崩れを防ぐことができます。
ほっこりおいもがおいしい家庭の味です。

材料

2人分

豚バラ薄切り肉	80g
玉ねぎ	1/2個
じゃがいも	1個
サラダ油	大さじ1/2
水	300mℓ
A 砂糖	大さじ1/2
A しょうゆ	大さじ1と1/2
A 酒	大さじ1/2
A みりん	大さじ1/2

作り方

1 玉ねぎは繊維にそって7〜8mm幅に、じゃがいもは8等分に切り、皮をむく。豚肉は3等分の長さに切る。

2 フライパンに油を入れ中火で熱し、豚肉を炒める。豚肉が白っぽくなったら、玉ねぎとじゃがいもを加え、全体に油がまわったら水を注ぐ。

3 2が沸騰して3分たったらAを加え、フタをして弱火で10分煮る。

4 フタを取り中火にし、さらに5分煮る。

鶏の照り焼き 長ねぎ添え

30分

甘辛いたれとこんがり焼いた鶏肉の相性がバツグン。ごはんが進みます！

材料

（1人分）

鶏もも肉	1/2枚(150g)
長ねぎ	1/3本
サラダ油①	小さじ2
サラダ油②	小さじ1

A	砂糖	小さじ2
	しょうゆ	大さじ1
	酒	小さじ2
	みりん	小さじ2
	水	150mℓ

作り方

1. Aは混ぜておく。長ねぎは4cm長さに切る。フライパンに油①を入れ中火で熱し、長ねぎを炒め、全体に焼き色がついたら取り出す。

2. 油②を入れ鶏肉の両面を色よく焼きつける。キッチンペーパーでフライパンの余分な油を拭き取ってAを注ぎ、フタをして弱火で約15分煮る。

3. フタを取り、ねぎを加えて中火にし、汁けをとばしながら煮絡める。鶏肉は食べやすく切る。

ポークカレー

30 分以上

冷蔵庫で４日ほどもつので、多めに作りおきしても。
焦げつかないよう、ルーは細かく砕いて入れましょう。

材料

２人分

	豚バラ薄切り肉	120g
	玉ねぎ	1/2 個
	にんじん	4cm
	じゃがいも	１個
	サラダ油	小さじ２
	カレールー	２皿分
	水	400mℓ
A	塩	少々
	白こしょう	少々
B	ウスターソース	大さじ 1/2
	ケチャップ	大さじ１

作り方

1 玉ねぎは繊維にそって薄くスライスし、にんじんは皮をむいて縦4等分に切る。じゃがいもは4等分に切って皮をむき、水にさらす。豚肉は3等分の長さに切る。

2 フライパンに油を入れ弱火で熱し、玉ねぎを10分炒める。豚肉を加えAをふり、焼き色がつくまで炒め、にんじんとじゃがいもを加えて混ぜながら2分炒める。

3 フライパンの中身を鍋に移し水を注ぎ、フタをして弱火で約20分煮る。

4 フタを取りカレールーを砕いて入れる。弱火でときどき混ぜながら10分煮て最後にBを加え、混ぜ合わせる。

チキンポトフ

30分

野菜をたっぷり食べられるヘルシーメニュー。
鶏肉や野菜のうま味が体にしみます！

材料

（2人分）

鶏もも肉	1/2枚(150g)
玉ねぎ	1/2個
にんじん	1/2本
じゃがいも	1個
キャベツ(小さめのもの)	1/3個(250g)
水	600mℓ
A 塩	小さじ1/2
A 粗びき黒こしょう	少々
A コンソメの素	小さじ2

作り方

1 玉ねぎとじゃがいもは半分に切り、皮をむく。にんじんは皮をむいて縦半分に切る。キャベツは芯を残したまま縦半分の大きさに切る。鶏もも肉は2等分に切る。

2 鍋に材料をすべて入れてAを加え、水を注いでフタをする。弱火で20分煮る。

鮭フライ

20分

鮭の水けをしっかり拭き取るのがポイント。
生ぐささが取れ、油はねもせず、カリッと揚がります。

材料

1人分

	生鮭	1切れ
	サラダ油	大さじ5
	パン粉	大さじ3
A	塩	少々
	白こしょう	少々
B	マヨネーズ	大さじ1/2
	小麦粉	大さじ1
	水	大さじ1

作り方

1 キッチンペーパーで鮭の水けを拭き取り、A をふりかけて下味をつける。

2 鮭によく混ぜた B をからめ、パン粉をまぶす。

3 フライパンに油を入れ弱火で熱し、鮭を入れて3分揚げる。裏返してさらに3分加熱し、火が通ったら取り出して油をきる。

付け合わせ コールスローサラダ(→ P.83)を添える。

鶏の唐揚げとフライドポテト

30分

しっかり味をしみ込ませた鶏肉を、じゃがいもと一緒にカラリと揚げます。

材料

1人分

鶏もも肉	1/2 枚 (150g)
じゃがいも	1 個
サラダ油	大さじ 5
A しょうゆ	小さじ 1
A 酒	小さじ 1
B 小麦粉	大さじ 1/2
B 片栗粉	大さじ 1/2
C 塩	少々
C 白こしょう	少々

作り方

1 鶏肉は一口大(5～6等分)に切り、Aをもみ込んで15分漬ける。じゃがいもはくし形に8等分に切り皮をむく。

2 1の鶏肉をざるに上げ汁けをきる。Bを混ぜて鶏肉にまぶす。

3 フライパンに油を入れ弱火で1分熱し、皮を下にした鶏肉とじゃがいもを重ならないように並べ、3分焼く。裏返して2分焼く。

4 火が通ったら強火にし、転がしながら1～2分加熱し、取り出して油をきる。じゃがいもにCをふりかける。

鮭のちゃんちゃん焼き風

20分

北海道の郷土料理、こってりとしたみそ味でごはんが進むメニューです。

材料

（1人分）

生鮭	1切れ
玉ねぎ	1/4個
にんじん	4cm
キャベツ	2枚(100g)
サラダ油	大さじ1

A	砂糖	小さじ1
	みそ	大さじ1と1/2
	酒	大さじ1
	水	大さじ2

B	塩	少々
	白こしょう	少々

作り方

1. 玉ねぎは繊維に対して直角に5mm幅に、にんじんは皮をむき3等分の厚さに切ってから5mm幅の短冊切りにする。キャベツは3cm角に切る。鮭は4等分に切る。Aをよく混ぜておく。
2. フライパンに油を入れて中火で熱し、Bをふった鮭の両面を焼きつける。
3. 玉ねぎとにんじんとキャベツを加えてAを注ぎ、フタをして弱火にする。
4. 6分蒸し焼きにしたらフタをはずしてさらに加熱し、汁けをとばす。

チャーハン

10分

**炒める前にあら熱のとれたごはんと卵を混ぜておけば、
ごはんのまわりに卵の膜ができ、パラパラチャーハンのでき上がり！**

材料

1人分

ごはん	どんぶり1膳分
ベーコン	2枚
卵	1個
長ねぎ	4cm
サラダ油	大さじ1
A 塩	少々
しょうゆ	小さじ2
こしょう	少々

作り方

1 長ねぎは粗みじん切りにし、ベーコンは1cm角に切る。

2 ボウルに卵とあら熱をとったごはんを入れてよく混ぜる。

3 フライパンに油を入れ中火で熱し、2のごはんを入れてよく混ぜながら炒める。

4 ごはんがパラパラになるまで3分ほど炒めたら、Aを加えてよく混ぜ、ベーコンと長ねぎを加えてひと炒めする。

オムライス

20分

ベーコンと玉ねぎ、調味料を、汁けがとんで
とろりとするまで煮詰めるのがケチャップライスのコツです。

材料

（1人分）

ごはん	どんぶり1膳分
ベーコン	2枚
玉ねぎ	1/4個
卵	1個
サラダ油①	小さじ1
サラダ油②	小さじ1
ケチャップ	適量
A 塩	少々
白こしょう	少々
ケチャップ	大さじ3
水	大さじ2
B 塩	少々
白こしょう	少々

作り方

1 玉ねぎはみじん切りに、ベーコンは1cm角にする。卵にBを加えて溶いておく。

2 フライパンに油①を入れ中火で熱し、玉ねぎを加えてしんなりするまで炒め、ベーコンを加えて混ぜる。Aを加え、汁けがとんでとろりとするまで煮詰める。ごはんを加えて混ぜながら炒め、全体がしっかり混ざったら取り出す。

3 フライパンを洗い水けを拭き、油②を入れ中火で熱する。溶き卵を流して丸く広げ、半熟状になったら火を止めて、2を卵の中心にのせる。

4 卵の両脇を持ち上げごはんを包み、ひっくり返しながら皿に盛る。好みでケチャップをかける。

親子丼

20分

あつあつごはんにとろ～り半熟卵をのせた親子丼。
卵と鶏肉のハーモニーが絶品です！

材料

1人分

ごはん	どんぶり1膳分
鶏もも肉	1/4枚(70g)
卵	1個
玉ねぎ	1/4個

A	砂糖	大さじ1/2
	しょうゆ	大さじ1と1/3
	酒	大さじ1/2
	みりん	大さじ1/2
	水	100mℓ

作り方

1 卵は軽く溶きほぐす。玉ねぎは繊維にそって5mm幅に切る。鶏肉は1.5cm角に切る。

2 フライパンにAと玉ねぎを入れて弱火にかけ、沸騰したら鶏肉を入れてフタをし、3分煮る。

3 フタを取り、鍋の中央に溶き卵を1/3ほど注ぎ、ひと呼吸おく。全体に卵をまわし入れ、フタをして1分煮て火を止める。

4 どんぶりにごはんを入れ、3を汁ごとのせる。

ひき肉のドライカレー

30分

ひき肉と野菜のうま味が詰まった絶品カレー。
余ったら冷蔵保存で４日間ほどもちます。

材料

2人分

	あいびき肉	100g
	玉ねぎ	1/2個
	にんじん	4cm
	しめじ	1/3パック
	サラダ油	大さじ1/2
A	カレールー	１皿分
	水	大さじ５
B	塩	少々
	白こしょう	少々
	ウスターソース	大さじ1/2
	ケチャップ	大さじ1/2

作り方

1 玉ねぎとにんじんを粗みじん切りにし、しめじは石づき(しめじがつながった根の部分)を取り1cm幅に切る。Aのカレールーは包丁で粗くきざむ。

2 フライパンに油を入れ弱火で熱し、玉ねぎとにんじんを加えてしんなりするまで炒める。ひき肉を加えパラパラに炒める。

3 2にしめじとAを加えてときどき混ぜながら5分煮詰める。最後にBで味をととのえて、ひと煮立ちさせる。

鶏としめじの炊き込みごはん

30分

ちょっと自慢できるひと品です。具をかえて、いろいろな味を楽しんでも。

材料

1人分

米	1合
鶏もも肉	1/6枚(40g)
にんじん	3cm
しめじ	1/2パック
水	適量

A	塩	少々
	しょうゆ	大さじ1
	酒	小さじ2
	みりん	小さじ2

作り方

1 にんじんは皮をむいて1cm角に切り、しめじは石づきを取ってほぐす。鶏肉は1cm角に切る。

2 米をといで炊飯器に入れ、Aを加える。1合の目盛りまで水を注ぐ。

3 1の具をのせて通常通り炊飯する。炊きあがったら、全体をザックリ混ぜて器に盛る。

きのこの和風パスタ

20分

**パスタのゆで時間は短めに。麺は炒めすぎると
ボソボソになってしまうので、サッと素早くソースと絡めましょう。**

材料

1人分

スパゲティ	100g
ベーコン	3枚
長ねぎ	5cm
しめじ	1/2パック
サラダ油	小さじ1
おろしニンニク	小さじ1/3
水	1ℓ
塩	大さじ1/2

A	塩	少々
	しょうゆ	大さじ1
	酒	大さじ1
	粗びき黒こしょう	少々

作り方

1 長ねぎは粗みじん切りに、しめじは石づきを取ってほぐし、ベーコンは5mm幅に切る。

2 フライパンに油とベーコン、おろしニンニクを入れ中火にかける。ベーコンからチリチリと泡が出てきたら、しめじを加えて炒め、しんなりしたらAと長ねぎを加えて混ぜ、火を止める。

3 鍋に湯を沸かし、沸騰したら塩を加える。弱めの中火にし、スパゲティを入れる。

4 表記されているゆで時間より1分短い時間でスパゲティをざるに上げる。2のフライパンを再度加熱し、温まったらスパゲティを加えて混ぜる。

しめじの当座煮

10分

しめじの代わりに、しいたけやえのきだけで作っても。

材料 2人分

	しめじ	1パック(100g)
A	砂糖	小さじ1/2
	しょうゆ	大さじ1
	酒	大さじ1
	みりん	小さじ1

作り方

しめじの石づきを取ってほぐす。しめじとAを鍋に入れて弱火にかけ、鍋をときどきゆすりながら4～5分煮る。汁けがなくなったら火を止める。

にんじんきんぴら

10分

にんじんの甘みが際立つきんぴらです。

材料 2人分

	にんじん	大1/2本
	サラダ油	小さじ1
	白ごま	小さじ1/2
A	砂糖	大さじ1/2
	塩	少々
	しょうゆ	大さじ1
	酒	大さじ1/2
	みりん	大さじ1/2
	水	大さじ1と1/2

作り方

にんじんの皮をむき、4cm長さ、3mm角の棒状に切る。Aは混ぜておく。●フライパンに油を入れ中火で熱し、しんなりするまでにんじんを炒める。Aを加えてときどき混ぜながら3分ほど炒め煮にし、汁けがとんだら白ごまをふる。

キャベツのマヨネーズ和え

5分

しょうゆとごまの風味のサラダ風おかず。

材料 1人分

キャベツ	4枚（200g）
A しょうゆ	小さじ1
マヨネーズ	大さじ1と1/2
白ごま	小さじ1/2

作り方

キャベツは1cm幅の細切りにする。耐熱皿にのせてラップをかけ、電子レンジで90秒加熱し、そのまま冷ます。キャベツを絞って水けを取り、よく混ぜたAで和える。

鶏肉と玉ねぎのポン酢和え

20分

鶏肉と玉ねぎをポン酢でさっぱりと。

材料 1人分

鶏もも肉	1/4枚（70g）
玉ねぎ	1/2個
A 塩	少々
酒	小さじ1
B 砂糖	少々
酢	大さじ1/2
しょうゆ	大さじ1/2

作り方

玉ねぎは繊維に対して直角に薄切りにする。水に10分さらし、ざるに上げて水けをよくきる。●鶏もも肉にAを絡め耐熱皿にのせてラップをかけ、電子レンジで2分加熱し、冷ます。鶏肉を薄く斜め切りにし、玉ねぎと混ぜてBで和える。

卵焼き

10分

中はトロトロ、外はふんわり。
甘いおやつ感覚の卵焼きです。

材料　1人分

卵	2個
サラダ油	小さじ2
A 砂糖	大さじ1
A しょうゆ	小さじ1

作り方

卵を溶きほぐし、Aを入れてよく混ぜる。フライパンに油を入れ中火で熱し、キッチンペーパーで余分な油を拭き取る。●フライパンが十分に温まったら溶き卵を注ぎ、全体に広げる。はしで全体をかき混ぜ、スクランブルエッグ状に固まってきたら、手前から奥に向けて卵を寄せていく。●楕円型に形作り、手前に向けてひっくり返し火を通す。

ベーコンエッグ

10分

朝ごはんの定番といえばこれ！
卵はお好みのかたさで。

材料　1人分

卵	1個
ベーコン	2枚
A 塩	少々
A 粗びき黒こしょう	少々

作り方

ベーコンは半分に切ってフライパンに並べ、その上に卵を落とす。弱火にかけて卵が好みのかたさになるまで加熱する。Aをふる。

付け合わせ　キャベツ2枚（100g）を千切りにして添える。

ポテトサラダ

10分

じゃがいもは熱いうちに皮をむき
調味料と混ぜると、味がよくしみます。

材料 1人分

じゃがいも	1個
玉ねぎ	1/6個
ベーコン	1枚
マヨネーズ	大さじ2

A	砂糖	小さじ1/3
	塩	少々
	酢	小さじ2
	サラダ油	小さじ2
	白こしょう	少々

作り方

じゃがいもはよく洗いラップで包み、電子レンジで5分加熱し、中まで火を通す。ベーコンは細切りにし、熱湯でさっとゆで、水けをきる。玉ねぎはみじん切りにする。●ボウルにAと玉ねぎを入れよく混ぜる。じゃがいもは熱いうちに皮をむき、ボウルに入れてスプーンなどでつぶす。ベーコンとマヨネーズを加え混ぜる。

コールスローサラダ

5分

※キャベツをおく時間：30分

しっかり味のしみたキャベツがおいしい、ごちそうサラダ。

材料 1人分

キャベツ	4枚(200g)
にんじん	少量
塩	小さじ2/3

A	砂糖	少々
	マヨネーズ	大さじ1
	レモン汁	小さじ1/2

作り方

キャベツを千切りにし、塩をふって混ぜて30分ほど置き、汁けを絞る。にんじんも千切りにする。Aを混ぜてキャベツとにんじんを和える。

豚汁

20分

具だくさんでボリュームたっぷり！
おかずにもなるおみそ汁です。

材料 （1人分）

豚バラ薄切り肉	50g
にんじん	2cm
じゃがいも	1/2個
長ねぎ	4cm
みそ	大さじ1と1/2
サラダ油	小さじ1
水	200mℓ

作り方

にんじんとじゃがいもは皮をむいて縦半分に切り、5mm幅のいちょう切りに、長ねぎは7～8mm幅に、豚肉は2cm幅に切る。●フライパンに油を入れ中火で熱し、豚肉を炒め、白くなったらにんじんを加えてひと炒めする。水を注ぎ、じゃがいもを加える。●沸騰したら弱火にし10分煮る。みそを溶き入れ、長ねぎを加えて1分煮る。

中華卵スープ

10分

あつあつとろとろの卵のスープが
体を中から温めます。

材料 （1人分）

	卵	1/2個
	長ねぎ	4cm
A	塩	少々
	酒	小さじ1
	白こしょう	少々
	鶏がらスープの素	小さじ1
	水	200mℓ
B	片栗粉	小さじ1/2
	水	小さじ1

作り方

卵は溶き、長ねぎは細切りにする。鍋にAを入れて中火にかけ、沸騰したらよく混ぜたBを入れて混ぜ、とろみをつける。再度沸騰したら弱火にし、スープを混ぜながら溶き卵を細く注ぎ、長ねぎを入れる。

PART 5

プラスαの食材で作るアレンジレシピ64

自炊に慣れてきたら、料理のバリエーションを広げていきましょう。
PART4 で使った食材や調味料にプラスαをすれば、
丼もの、エスニック、おつまみ、節約ごはんなど、
バラエティーに富んだ料理が作れます。朝ごはんも、休日のランチも
自炊できるようになれば、食生活がぐんと充実していきます。

みんな大好き！定番おかず

簡単料理が作れるようになったら、
今度は家庭の味に挑戦！

豚の角煮

30 分以上

※煮込み時間、冷ます時間：1時間以上

作るのに少々時間がかかるけれど、みんなあこがれのトロトロ角煮をぜひ手作りで！

材料

（2人分）

	豚バラブロック	300g
	卵	2個
	長ねぎ	10cm
	しょうが	1/2片
	水	適量
	サラダ油	小さじ1/2
A	塩	小さじ1/2
	白こしょう	少々
B	砂糖	大さじ1と1/2
	しょうゆ	大さじ2
	水	600mℓ

作り方

1 豚肉の全体にフォークで穴を開け、4等分に切りAをまぶす。フライパンに油を入れ弱火で熱し、豚肉の脂身を下にして焼く。10分かけて肉を転がしながら全体に焼き色をつけて取り出す。

2 鍋に豚肉、卵、長ねぎ、スライスしたしょうがを入れ、具がかぶるくらいまで水を注ぐ(約600mℓ)。中火にかけ沸騰したら弱火にする。8分たったら卵を取り出し、冷水にとり殻をむいておく。

3 さらに15分ゆでて豚肉を取り出し、残りの具をゆで汁ごと捨てる。洗った鍋にBを入れて沸騰させ、ゆでた豚肉とゆで卵を入れ、落としブタをして弱火で30分煮込む。

4 あら熱がとれたら鍋ごと冷蔵庫に入れて冷ます。表面に浮いた白い脂を捨て、中火にかけて煮詰める。

Point

余分な脂は冷やして取り除く

煮上がった角煮を冷蔵庫で冷やすと、余分な脂肪分が白くかたまり、簡単に取り除けます。脂を取り除いて再び煮込めば、脂っぽさがなく、とろけるような仕上がりに！

餃子

30分

包みかたはコツを覚えれば簡単！
みんなで集まって、餃子パーティーをするのも楽しそう。

材料

3人分

豚ひき肉	150g
キャベツ	大1/4個(250g)
餃子の皮	1袋(24枚入り)
塩	小さじ1/4
サラダ油	大さじ1
水	適量

A	砂糖	小さじ1
	しょうゆ	小さじ2
	ごま油	小さじ1/2

作り方

1 キャベツは粗みじん切りにする。耐熱皿にのせてラップをし、電子レンジで3分加熱する。あら熱がとれたら水けをよく絞る。

2 ひき肉に塩を入れてよく練り、キャベツとAを入れてさらに練る。

3 24等分にして皮に包む。

4 餃子をフライパンに並べ餃子の1/3の高さまで水を注ぎ(約150mℓ)、フタをして中火にかける。6分たったらフタをはずし、完全に水けをとばしてから油を全体にまわしかける。焼き色がついたら油をきって皿に盛る。

餃子の皮の包みかた

1 左手の上に皮を置き、皮の奥側半分のふちに水を塗る。

2 皮の中央に 2 を置き (a)、皮の手前側のふちを右手でヒダを作りながら、奥側の皮につけていく (b)。

3 皮の閉じ目を指でつまんで、しっかりと閉じる (c)。

※ 餃子が余ったら、皮で包んだ状態でラップに包んで冷凍します。食べるときは凍ったまま 4 の行程から始めましょう。

a
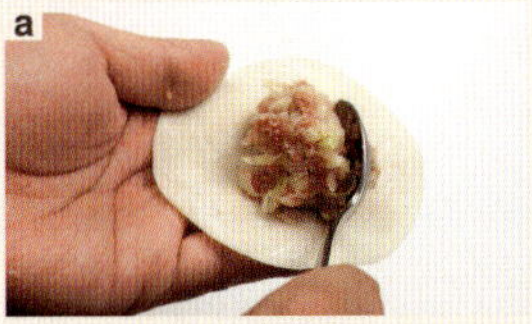

b
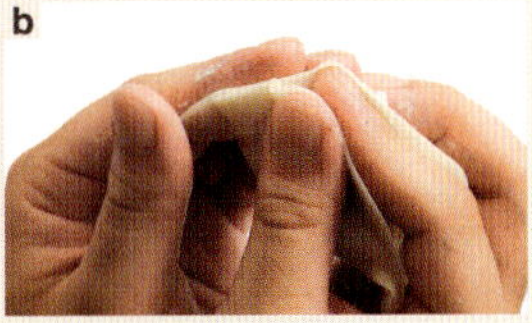

c
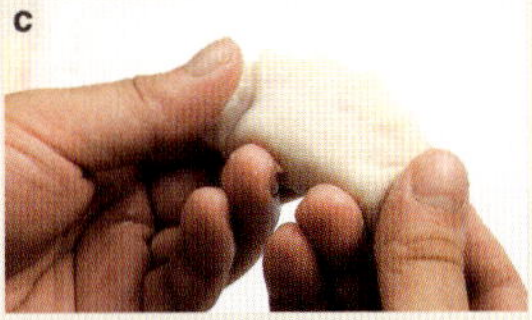

ゆで豚

30 分以上

脂身の多い豚バラ肉を、野菜とさっぱりいただくヘルシー料理。和風、中華風、どんなたれでも合います。

材料

（1人分）

豚バラブロック	100g
長ねぎ	12cm
レタス	2枚
好みのたれ（スイートチリソースやポン酢など）	適量
水	適量
A 塩	小さじ1/5
A 白こしょう	少々

作り方

1 豚肉にAをまぶして20分ほどおく。

2 長ねぎは白い部分の4cm分を千切りにして、冷水にさらす。レタスは大きめにちぎる。

3 鍋に豚肉とねぎの残りの部分を入れて、肉がかぶるくらいの水(約800mℓ)を注ぎ、強火で加熱する。沸騰したら弱火にして20分ゆでる。

4 豚肉を取り出し、あら熱がとれたら5mm幅の薄切りにして皿に盛り、水けをきった2の長ねぎとレタスを添える。レタスで肉と長ねぎを巻き、好みのたれをつけて食べる。

麻婆豆腐

20分

豆板醤は煮込む前に炒めると、香りが際立ちます。
ごはんにかけて、麻婆丼にしてもおいしい。

材料

1人分

	豚ひき肉	70g
	木綿豆腐	1/2丁
	長ねぎ	8cm
	サラダ油	大さじ1
	おろししょうが	少々
	おろしニンニク	少々
	豆板醤	小さじ2/3
A	砂糖	小さじ1
	しょうゆ	小さじ2
	みそ	大さじ1/2
	酒	大さじ1/2
	鶏がらス プの素	小さじ2/3
	水	80mℓ
B	片栗粉	小さじ1/2
	水	小さじ1

作り方

1 豆腐は1.5cm角に切り、耐熱皿に並べラップをかける。電子レンジで90秒加熱し、ざるに上げて水けをきる。長ねぎは粗みじん切りにする。AとBはそれぞれ混ぜておく。

2 フライパンに油、しょうが、ニンニクを入れ中火で熱し、ひき肉を加えて炒める。ひき肉が白くなり油がしみ出てきたら豆板醤を加えて炒め、香りが出たらAを注ぎ、豆腐を加えて7分ほど煮る。

3 Bを加えてさらに2分ほど煮て、最後に長ねぎを散らす。

ぶりの照り焼き 長ねぎ添え

20分

脂の乗ったぶりを、甘辛いたれと煮絡めます。ごはんにぴったりのおかずです。

材料

1人分

	ぶり	1切れ
	長ねぎ	1/2本
	塩	少々
	サラダ油	小さじ1
	薄力粉	小さじ2
A	砂糖	小さじ2
	しょうゆ	小さじ2
	酒	小さじ2
	みりん	小さじ2
	水	小さじ2

作り方

1 長ねぎは5cm長さに切る。ぶりはキッチンペーパーで水けを拭き取り、塩をふる。さらに薄力粉をまぶし、余分な粉を払い落とす。

2 フライパンに油を入れ弱火で熱し、ぶりの両面を5分かけてじっくり焼く。ぶりの横のあいたスペースで長ねぎを焼き、焼き色がついたら取り出す。

3 キッチンペーパーでフライパンの余分な油を拭き取り、Aを加えて弱火で2分ほど加熱する。

4 長ねぎをフライパンに戻し、中火にして煮汁を煮絡める。

えびのチリソース

20分

ピリッとした辛さとえびの風味が食欲をそそります。
本格的な中華料理の味わいです。

材料

1人分

	えび	中6尾
	玉ねぎ	1/4個
	レタス	3枚
	サラダ油①	大さじ1
	サラダ油②	大さじ1/2
	おろししょうが	小さじ1/3
	豆板醤	小さじ1/2
A	塩	少々
	酒	少々
	片栗粉	小さじ2
B	砂糖	大さじ1
	しょうゆ	小さじ1
	酒	大さじ1
	ケチャップ	大さじ2
	鶏がらスープの素	小さじ1/2
	水	大さじ1と1/2
C	片栗粉	小さじ1/2
	水	小さじ1

作り方

1 玉ねぎはみじん切り、レタスは細切りにする。えびは殻をむき、背に1cm深さの長い切り込みを入れて水けを拭き取り、Aをまぶす。Bは混ぜておく。

2 フライパンに油①を入れ中火で熱し、えびの両面を焼きつけて取り出す。

3 フライパンの余分な油を拭き取り、油②を足してしょうがと豆板醤を香りが出るまで炒める。さらに玉ねぎを加えてしんなりするまで炒める。

4 Bを加えて沸騰したらえびを戻し、90秒ほど煮る。よく混ぜたCを加え、とろみをつける。さらに1分ほど加熱し、レタスをしいた皿に盛りつける。

レバニラ

20分

**鉄分が豊富に含まれるレバーは、
貧血気味のときにとりたい食材。ビールにもぴったりです！**

材料

1人分

豚レバー薄切り	50g
ニラ	1/2束
もやし	1/3パック
片栗粉	大さじ1
サラダ油①	大さじ2
サラダ油②	大さじ1/2
A しょうゆ	小さじ2
酒	小さじ2
しょうが汁	小さじ1
B 塩	少々
白こしょう	少々
C しょうゆ	小さじ1
酒	小さじ1
オイスターソース	小さじ1

作り方

1. レバーは水で洗い、きれいな水に2〜3分さらしざるに上げる。もやしは洗ってざるに上げ、ニラは4cm長さに切る。

2. レバーの水けをクッキングペーパーで拭き取り、Aを絡める。5分ほど置いたら汁けを拭き取り、片栗粉をまぶす。

3. フライパンに油①を入れ中火で熱し、レバーを2分炒めて取り出す。

4. 油を捨ててフライパンの内側をきれいに拭き、油②を足してもやしとニラを炒め、Bをふる。野菜がしんなりしたらレバーを戻してCを加え、汁けをとばしながら炒める。

チキン南蛮

30分

甘酢あんを絡めた鶏の唐揚げを
タルタルソースでいただく宮崎県の人気メニュー。

材料

1人分

鶏胸肉	1/2 枚
卵	1/2 個
塩	少々
白こしょう	少々
小麦粉	大さじ 1
油	大さじ 5
タルタルソース	適量

A	砂糖	大さじ 1
	塩	少々
	酢	大さじ 1
	しょうゆ	小さじ 2
	水	大さじ1と1/2

B	片栗粉	小さじ 1
	水	小さじ 2

作り方

1 卵は溶き、B はよく混ぜておく。
付け合わせ キャベツ1枚(150g)を千切りにする。

2 鶏肉に、塩こしょうをふる。肉全体に薄く小麦粉をまぶし、溶き卵にくぐらせる。

3 フライパンに油を入れ弱火で熱し、1分温める。2 の鶏肉の皮目を下にして5分焼き、裏返してさらに5分焼いて取り出し、油をきる。

4 鍋に A を入れよく混ぜながら弱火で熱し、沸騰したら B を加える。かたまらないように混ぜ、あんを作る。

5 3の鶏肉に4のあんを絡めて切り、皿に盛って、タルタルソースをかける。
付け合わせ 千切りキャベツを添える。

グラタン

30分

ホワイトソースから作る本格レシピ。
クリーミーなソースがあつあつのうちに召し上がれ！

材料

（1人分）

ホワイトソース（→P.125）	200mℓ
鶏コマ	50g
玉ねぎ	1/4個
マカロニ	30g
サラダ油	小さじ1
パルメザンチーズ	大さじ2
バター	適量
A 塩	少々
A 白こしょう	少々

作り方

1 玉ねぎは繊維に対して直角に2mm幅に切る。フライパンに油を入れて中火で熱し、玉ねぎを炒める。鶏肉を加え、Aをふる。

2 熱湯でマカロニを表示時間通りゆで、ざるに上げる。汁けがきれたらボウルに移し、パルメザンチーズの半量、1、ホワイトソースと混ぜる。

3 耐熱皿にバターを塗り、2の具材を入れ、パルメザンチーズの残りをかける。

4 オーブントースターに3を入れて、15分ほど焼き、表面に焼き色をつける。

スパゲティミートソース

30分

**ミートソースを多めに作って保存すれば、
ドリアやグラタンにも使えます！**

材料

ソースは3人分 パスタは1人分

あいびき肉	150g
スパゲティ	80g～100g
玉ねぎ	1/2個
ニンニク	1片
白ワイン	大さじ3
カットトマト缶	1缶（400g）
オリーブオイル	大さじ1と1/2
水	1ℓ
塩	大さじ1/2
パルメザンチーズ	適量
A 塩	小さじ1
白こしょう	少々

作り方

1. 玉ねぎとニンニクはみじん切りにする。
2. フライパンにニンニクとオリーブオイルを入れて中火で熱し、油が温まってきたら玉ねぎを入れる。しんなりしたらひき肉を加え、パラパラになったら白ワインを加える。
3. カットトマト缶を加え、沸騰したら弱火にする。ときどき混ぜながら7～8分煮て、Aをふって煮詰める。
4. 鍋に湯を沸かし塩を入れ、スパゲティを表示時間通りにゆでて、ざるに上げる。3のミートソース(適量)で和え、パルメザンチーズをかける。

さばのみそ煮

20分

おふくろの味といえば、これ。しょうががさばの臭みを消してくれます。

材料 1人分

さば	1切れ
長ねぎ	8cm
しょうが	1/2片

A	砂糖	小さじ2
	みそ	大さじ2
	酒	小さじ1
	みりん	小さじ1
	水	100mℓ

作り方

長ねぎは5mm幅の斜め切りに、しょうがは薄切りにする。鍋にAを入れよく混ぜて中火にかける。●煮汁が温まってきたらさばの皮目を上にして並べ、しょうがを加える。ときどき煮汁をさばにかけながら10分煮る。●煮汁が煮詰まって汁にとろみが出てきたら、長ねぎを加えて、サッと煮る。

ほうれん草のおひたし

5分

野菜がたりないときにぜひ追加したい一品。

材料 1人分

ほうれん草	1/2束(100g)
塩	小さじ2
しょうゆ	大さじ1/2
かつお節	適宜

作り方

ほうれん草は根を切り、水でよく洗う。沸騰した湯1ℓに塩を加え、ほうれん草の根元を入れる。根元がしんなりしたら、葉も湯に入れ約90秒ゆでる。●葉が鮮やかな緑色になったら湯から上げ、水にさらしてあら熱をとる。束ねて根元を上に持ち、葉先に向けて水けを絞る。好みの長さに切り、かつお節をかけて好みでしょうゆをかける。

揚げだし豆腐

30分

ときどき向きを変えながら揚げれば、少量の油でも失敗なし。
油がはねないように、しっかり水けを拭き取りましょう。

材料

1人分

	絹ごし豆腐	1/2丁
	ししとう	3本
	大根	50g
	片栗粉	大さじ1
	サラダ油	大さじ5
A	しょうゆ	大さじ1
	酒	大さじ1/2
	みりん	大さじ1
	だし汁	60mℓ

作り方

1 豆腐をキッチンペーパーで包み、上に平皿を置いて20分水きりをする。ししとうは側面に包丁で1か所切り込みを入れて水けを拭き取る。大根は皮をむいてすりおろし、ざるに上げる。

2 Aを耐熱容器に入れ、電子レンジで30秒温める。豆腐を半分に切り、水けを拭き取って片栗粉をまぶす。

3 フライパンに油を入れて弱火で熱し、豆腐を並べる。全面が黄金色になるように、ときどき向きを変えながら5分揚げて取り出し、油をきる。空いたスペースにししとうを入れて1分揚げる。

4 3にAをかけ、大根おろしをのせる。

スピーディーにがっつきたい、丼もの

お腹がすいたけど時間がないとき、すぐに作れてすぐに食べられる、ごはんもの＆丼ものレシピです。

オイスター混ぜごはん

5分

缶詰とオイスターソースを混ぜるだけの、超カンタン混ぜごはんです。

材料

1人分

ごはん	どんぶり1膳分
ほたてほぐし身缶	30g
万能ねぎ	2本
オイスターソース	小さじ2

作り方

1 ほたて缶の汁けをきり、オイスターソースと混ぜ、ごはんに混ぜ合わせる。

2 小口切りにした万能ねぎを散らす。

中華丼

20分

野菜がたっぷり入ったアツアツのあんをごはんにかけて。体にやさしいどんぶりです。

材料

1人分

	ごはん	どんぶり1膳分
	豚バラ薄切り肉	60g
	にんじん	細い部分を4cm
	白菜	大1枚
	しいたけ	1枚
	サラダ油	小さじ2
A	砂糖	小さじ1/2
	しょうゆ	小さじ1/2
	鶏がらスープの素	小さじ1/2
	水	100mℓ
B	片栗粉	小さじ1/2
	水	小さじ1

作り方

1. にんじんは縦半分に切ってから5mm厚さの短冊切りにする。白菜は軸と葉に分けて2cm幅に切り、しいたけは軸を取って5mm幅の斜め切りにする。豚肉は3等分の長さに切る。
2. フライパンに油を入れ中火で熱し、豚肉を炒める。肉が白くなったらにんじんと白菜の軸、しいたけを加えてしんなりするまで炒める。
3. 白菜の葉とAを加えて2分煮、よく混ぜたBを加えてとろみをつける。
4. どんぶりにごはんを盛り、3をのせる。

かつ丼

20分

とろとろ卵のかつ丼と、ソースの風味としゃきしゃきキャベツの食感がおいしいソースかつ丼、あなたはどっち!?

材料

1人分

	ごはん	どんぶり1膳分
	豚ロースとんかつ用	1枚
	卵	1個
	玉ねぎ	1/4個
	サラダ油	大さじ5
	パン粉	大さじ3
A	塩	少々
	白こしょう	少々
B	マヨネーズ	大さじ1/2
	小麦粉	大さじ1
	水	大さじ1
C	砂糖	大さじ1/2
	しょうゆ	大さじ1
	酒	小さじ1
	みりん	小さじ1
	水	100mℓ

作り方

1 豚肉にAをふりかけて下味をつけ、よく混ぜたBを絡め、パン粉をまぶす。

2 フライパンに油を入れ弱火で熱し、豚肉を入れ3～4分かけて焼く。きつね色になったら裏返してさらに3分焼き、取り出して油をきる。

3 鍋にCを入れて弱火で煮立て、7～8mmにスライスした玉ねぎを加えてしんなりするまで煮る。

4 2を食べやすい大きさに切り、3に入れてフタをする。3分煮たら溶き卵を流し入れ、再度フタをして1分煮る。

ソースかつ丼

どんぶりにごはんを盛り、千切りキャベツをしく。とんかつをのせ、ソースと白ごまをふりかける。

三色丼

20分

しょうがのきいた鶏そぼろと、甘い炒り卵、紅しょうがの相性がぴったり。鮮やかな色が目も楽しませてくれます。

材料

1人分

	ごはん	どんぶり1膳分
	鶏ひき肉	70g
	卵	1個
	紅しょうが	適量
A	砂糖	小さじ1
	しょうゆ	小さじ2
	酒	小さじ1
	みりん	小さじ1
	おろししょうが	小さじ1/2
B	砂糖	小さじ2
	塩	少々

作り方

1 鍋にAと鶏肉を入れ、はしでよく混ぜてペースト状にし、中火にかける。汁けをとばしながらパラパラのそぼろを作り、取り出す。

2 洗った鍋に卵とBを入れてよく混ぜ、弱火にかける。パラパラになるまではしで混ぜ続け、炒り卵を作る。

3 ごはんの上に鶏そぼろ、炒り卵、紅しょうがをのせる。

タコライス丼

10分

**タバスコのスパイシーな風味が、やみつきに！
レトルトや缶詰のミートソースを使ってもOK。**

材料

1人分

ごはん	どんぶり1膳分
ミートソース（→P.97）	150g
レタス	2枚
プチトマト	3個
ケチャップ	大さじ1
ピザ用チーズ	適量
A 酢	小さじ1
A レモン汁	小さじ1/2
A タバスコ	小さじ1/3

作り方

1. 鍋にミートソースとケチャップを入れ、弱火で5分ほど煮詰める。汁けが少なくなったら火を止めてAを加えて混ぜる。

2. レタスは5mm幅の細切りにし、水にさらして、よく水けをきる。プチトマトは4等分に切る。

3. ごはんを盛り、1のミートソースをかけてチーズを散らす。電子レンジで1分ほど加熱してチーズを溶かし、レタスとプチトマトを盛る。

ネバネバのっけ丼

5分

ずるずるっと一気にいきたい、のっけ丼。
納豆とめかぶ、卵黄をのせれば栄養満点！

材料

1人分

ごはん	どんぶり1膳分
納豆	小1パック
味つきめかぶ	小1パック
卵黄	1個
のり	適量
しょうゆ	大さじ1/2

作り方

納豆をよく混ぜてからしょうゆを加え、さらに混ぜる。めかぶもよく混ぜておく。ごはんの上に刻んだのり、納豆、メカブの順にのせ、いちばん上に卵黄をのせる。

しらすおろし丼

5分

さっぱり味なので、食欲がないときにも。
大葉の香りとしらすのうま味がぴったり。

材料

1人分

ごはん	どんぶり1膳分
しらす	大さじ1
大根	60g
大葉	2枚
しょうゆ	適量

作り方

大根は皮をむいて、おろし金でおろす。大葉を細切りにする。ごはんに大根おろし、大葉、しらすの順にのせ、しょうゆをかける。

毎日の食事のおともに！ おみそ汁

みそ汁は、具材を変えれば味もガラッと変わります。
いろいろなバリエーションを楽しんで！

豆腐と長ねぎ

10分

豆腐は崩さないように最後に入れて
さっと火を通して。

材料 1人分

だし汁	150mℓ
みそ	小さじ2
絹ごし豆腐	1/6丁
長ねぎ	4cm

作り方

豆腐は1cm角に切り、長ねぎは粗みじん切りにする。鍋にだし汁を入れ、弱火にかける。沸騰しかけたらスプーンでみそを入れ、はしなどで溶かす。豆腐を入れて1分温め、長ねぎを入れて火を止める。

じゃがいもと玉ねぎ

10分

ほくほくじゃがいもがうれしい！

材料 1人分

だし汁	150mℓ
みそ	小さじ2
玉ねぎ	1/6個
じゃがいも	1/4個

作り方

玉ねぎは5mm幅に切り、じゃがいもは1cm幅のいちょう切りにする。鍋にだし汁を入れ、弱火にかける。沸騰しかけたらスプーンでみそを入れ、はしなどで溶かす。じゃがいもと玉ねぎを入れ、フタをして弱火で3分煮る。

基本の作りかたは
P.56を見てください。

大根と油揚げ

20分

油揚げの油抜きは電子レンジでカンタンに。

材料 1人分

だし汁	150mℓ
みそ	小さじ2
大根	4cm
油揚げ	1/3枚

作り方

油揚げをキッチンペーパーで包んで電子レンジに30秒かける。油を絞り、1cm幅に切る。大根は7～8mm角の棒状に切る。鍋にだし汁を入れ、弱火にかける。沸騰しかけたらスプーンでみそを入れ、はしなどで溶かす。大根と油揚げを加えて、フタをして弱火で7分煮る。

落とし卵と万能ねぎ

10分

卵を割ると黄身がとろ～り。

材料 1人分

だし汁	150mℓ
みそ	小さじ2
卵	1個
万能ねぎ	2本

作り方

万能ねぎは小口切りにする。鍋にだし汁を入れ、弱火にかける。沸騰しかけたらスプーンでみそを入れ、はしなどで溶かす。卵を落とし入れ、スプーンで卵白を寄せ集める。2分ほど煮て万能ねぎを散らし、火を止める。

たまにはオシャレに！ エスニック風ランチ

たまには気分を変えてエスニック料理に挑戦。
盛りつけを工夫すれば、おしゃれなカフェランチ風に！

タイカレー

30分

グリーンカレーペーストとココナッツミルクを使えば、本格的なタイ風味になります！

材料

1人分

ごはん	1膳分
鶏もも唐揚げ用	50g
ゆでたけのこ	1/6個
なす	1/2個
グリーンカレーペースト	小さじ1
ココナッツミルク	大さじ4
水	大さじ4
サラダ油	小さじ2
A 砂糖	小さじ1/2
A 鶏がらスープの素	小さじ1/2
A ナンプラー	大さじ1/2
A ハチミツ	小さじ1

作り方

1. たけのこは4cm長さ、5mm幅の短冊切りに、なすは乱切りにする。
2. フライパンに油を入れ中火で熱し、鶏肉を全体が色づくまで炒める。グリーンカレーペーストを加えて全体をなじませる。なすとたけのこを加えてサッと炒め、油を全体にまわす。
3. 水を注いで沸騰したら、ココナッツミルクとAを加えて弱火にする。ときどき混ぜながら15分煮る。
4. ごはんを小さいボウルに詰め、皿の上に裏返す。カレーを添える。

生春巻き

10分

生春巻きの皮はお湯に通しすぎないように。皮が乾かないうちにテンポよく巻いて。

材料

1人分

生春巻きの皮	2枚
春雨	15g
水菜	1/5束
生ハム	4枚
スイートチリソース	適量

作り方

1. 春雨は4分ゆでてざるにあげ、半分に切る。水菜は3等分の長さに切る。
2. 生春巻きの皮1枚をぬるま湯にサッと通し、まな板の上にのせる。
3. 皮の上に生ハムと春雨と水菜をのせ、皮の両脇を折りたたみ、手前からのり巻きのようにクルクルと巻く。もう1枚も同様に巻く。半分に切り、スイートチリソースを添える。

シンガポール チキンライス

30分

お米に鶏肉をのせて、あとはいつも通り炊飯器で炊くだけ。とってもカンタンなごちそうごはん。

材料

1人分

米	1合
鶏もも肉	1/2枚(100g)
しょうが	1/3片
きゅうり	1/3本
塩	小さじ1/3
白こしょう	少々
水	適量
A 酒	大さじ1
A 鶏がらスープの素	小さじ1/2

作り方

1. 米をといで炊飯器に入れ、Aを加え通常通りの水加減になるよう水を注ぐ。
2. 塩こしょうをまぶした鶏肉と、薄切りにしたしょうがをのせ、炊飯する。
3. 炊き上がったら鶏肉を取り出し、あら熱がとれたら食べやすく切り分ける。ごはんを混ぜて皿に盛り、鶏肉としょうが、斜め薄切りにしたきゅうりをのせ、お好みでスイートチリソースかポン酢をかける。

厚揚げとニラのエスニック炒め

10分

日本ならではの食材「厚揚げ」とエスニックが融合。ナンプラーの香りが食欲をそそります。

材料

1人分

厚揚げ	1/2丁
ニラ	1/3束
サラダ油	小さじ1
A 砂糖	小さじ1/2
A 一味唐辛子	少々
A ナンプラー	小さじ2

作り方

1. 厚揚げは縦半分に切ってから1cm幅に切り、ニラは4cm長さに切る。Aはよく混ぜておく。
2. フライパンに油を入れて中火で熱し、厚揚げを焼き色がつくまで炒める。ニラを入れ、Aを加える。
3. ニラがしんなりし、汁けがとぶまで炒める。

朝にうれしい、アレンジトースト

時間がない朝でも具だくさんのトーストを！
使うオーブントースターによって、焼く時間を調整しましょう。

ピザパン

10分

材料

1人分

食パン(4枚切り)	1枚
ピーマン	1/3個
スライスサラミ	4枚
ピザ用チーズ	大さじ1
ケチャップ	大さじ1

作り方

ピーマンはヘタを落としてから5mm幅の輪切りにし、種を抜く。パンにケチャップを塗り、サラミとピーマンを並べてチーズを散らす。パンをオーブントースターに入れ、5分焼く。

フレンチトースト

30分

材料

1人分

食パン(4枚切り)	1枚
バター	10g
ハチミツ or メープルシロップ	適量

A	卵	1個
	牛乳	100mℓ
	砂糖	大さじ1/2

作り方

Aを平皿の中でよく混ぜ、半分に切った食パンを入れ、途中で一度裏返して20分ほどひたす。フライパンにバターの半量をひいて中火で熱し、パンを入れる。2分ほど焼いて裏返し、さらに2分焼く。皿に盛り、バターとハチミツまたはメープルシロップをかける。

コーンマヨ

10分

材料　1人分

食パン(4枚切り)	1枚
粗びき黒こしょう	少々
A 缶入りスイートコーン	大さじ1と1/2
A マヨネーズ	大さじ1と1/2

作り方

Aをよく混ぜて、パンにのせる。パンをオーブントースターに入れて7～8分焼き、焦げ目がついたら取り出し、黒こしょうをふる。

ハムチーズ

10分

材料　1人分

食パン(4枚切り)	1枚
スライスロースハム	2枚
スライスチーズ	1枚

作り方

パンにハムを並べてチーズをのせる。パンをオーブントースターに入れ、4分焼き、チーズが溶けてきたら取り出す。

BLTサンド

10分

材料　1人分

食パン(6枚切り)	2枚
ベーコン(ハーフサイズ)	3枚
レタス	1枚
トマト	適量
バター	適量

作り方

フライパンにベーコンを並べ弱火にかけ、カリカリになるまで焼く。レタスは洗い、トマトは7～8mmの厚さに切る。パンはトースターで3分焼く。トーストにバターを塗り、ベーコンとレタスとトマトをのせてサンドし、半分に切る。

今夜は呑みたい！ 5分おつまみ

「今日も1日お疲れ様」の1杯に、ちょこっとつまめる簡単おつまみ。ささっと作れるものばかりです。

たこの梅肉和え

5分

梅干しと大葉の相性バツグン！

材料 （1人分）

刺身用たこ	小1本（60g）
大葉	2枚
梅干し	1個
みりん	小さじ1

作り方

たこは食べよい大きさに切り、大葉は細切りにする。梅干しは種をはずして包丁でたたき、みりんと混ぜて伸ばし、たこと大葉を和える。

ねぎトロユッケ

5分

濃厚なネギトロがビールにぴったり。

材料 （1人分）

	ねぎトロ	80g
	長ねぎ	3cm
	卵黄	1個
A	砂糖	少々
	しょうゆ	大さじ1/2
	ごま油	小さじ1/2
	おろしニンニク	小さじ1/2
	コチュジャン	小さじ1/2

作り方

ねぎトロと粗みじん切りにした長ねぎを、よく混ぜたAで和え、卵黄をのせる。

もろきゅう

5分

居酒屋でもおなじみの味を手作りで！

材料

1人分

きゅうり	1本
みそ	適量

作り方

きゅうりは皮をピーラーで縦の方向に4枚削り、縦に4等分に切る。半分の長さに切って皿に盛り、みそを添える。

クリームチーズの冷やっこ

5分

しょうゆとかつお節が意外とマッチ。

材料

1人分

クリームチーズ	60g
かつお節	適量
しょうゆ	適量

作り方

クリームチーズは1cm角に切り、器に盛り、かつお節をかける。食べる直前にしょうゆを好みでかける。

まぐろの山かけ

5分

ピリッとわさびの辛味がきいています！

材料

1人分

まぐろ刺身	80g
長芋	50g
わさび	少々
のり	適量
しょうゆ	適量

作り方

まぐろを食べやすい大きさに切って皿に盛り、すりおろした長芋をかける。刻んだのりをのせ、わさびを添えてしょうゆをかける。

きゅうりとしらすの三杯酢

10分

きゅうりとしらすのさっぱり酢のもの。

材料 （1人分）

きゅうり	1本
しらす	大さじ2
塩	小さじ1/2

A	だし汁	大さじ1
	酢	大さじ1
	しょうゆ	小さじ1/2
	みりん	大さじ1/2

作り方

きゅうりを薄切りにしてボウルに入れ、塩をまぶして7～8分ほどおく。しんなりしたら手で絞り、しらすと一緒によく混ぜたAで和える。

ほたてのカルパッチョ

5分

簡単なのに本格イタリアン！

材料 （1人分）

ほたての刺身	4個
万能ねぎ	2本
塩	小さじ1/3
レモン汁	小さじ1
オリーブオイル	大さじ1/2
粗びき黒こしょう	少々

作り方

斜めに半分に切ったほたてに、塩とレモン汁をかけて皿の上に並べ、オリーブオイルをかける。黒こしょうをふり、刻んだ万能ねぎを散らす。

ツナと卵黄のオーブン焼き

10分

缶のまま大胆に加熱。

材料

1人分

ツナ缶（ノンオイルではないもの）	小1個
長ねぎ	4cm
卵黄	1個
しょうゆ	小さじ2

作り方

ツナ缶を開け、粗みじん切りにした長ねぎとしょうゆを加えて混ぜ、オーブントースターに缶ごと入れて5分加熱する。中央に卵黄を落とし、さらに2分焼く。

ガーリックトースト

5分

2度焼きがおいしく焼くコツ！

材料

1人分

	フランスパン	1.5cm厚さを2枚
A	塩	少々
A	おろしニンニク	小さじ 1/3
A	オリーブオイル	大さじ 1/2
A	ドライパセリ	少々

作り方

フランスパンをトースターで1分焼いてから、よく混ぜたAを塗りつける。ドライパセリをふり、さらに3分焼いて焼き色をつける。

きのこのバター炒め

10分

バターときのこの風味がお酒に合います。

材料 1人分

しめじ	1/2パック
えのき	1/2パック
おろしニンニク	小さじ1/2
バター	10g

A	塩	少々
	粗びき黒こしょう	少々

作り方

しめじは石づきを取ってほぐし、えのきは石づきを取って半分の長さに切る。フライパンにバターの半量とおろしニンニクを入れ、中火で加熱する。ニンニクから泡が出てきたらしめじとえのきを炒め、しんなりしたらAをふる。仕上げに残りのバターを加えて混ぜる。

アボカドのディップ

5分

ちょっとおしゃれにカフェ風に。

材料 1人分

アボカド	1/2個
レモン汁	小さじ1
塩	少々
粗びき黒こしょう	少々
クラッカー	適量

作り方

アボカドに包丁をあて、種にそって回転させながら切り目を1周入れて左右に割り、種をはずす。皮をむいて器に入れ、塩とレモン汁を加える。フォークなどでつぶしてディップ状にし、黒こしょうをふる。クラッカーを添える。

あさりの酒蒸し

10分

砂抜き済みのあさりを使えば、とっても手軽。
うま味たっぷりのスープは、貝殻ですくって飲んで！

材料

1人分

あさり（砂抜き済み）	150g
万能ねぎ	2本
酒	大さじ4
しょうゆ	小さじ1/2
サラダ油	小さじ1
おろしニンニク	小さじ1/2

作り方

1 あさりは殻同士をこすって、汚れを洗い流す。

2 フライパンに油とおろしニンニクを入れて弱火で熱し、汁けをきったあさりを加えて軽く炒め、酒を注ぎフタをする。

3 2分したらフタを取り、中火にして1分ほど熱し、しょうゆと小口切りにした万能ねぎを加える。

カンタン煮るだけ、あったかひとり鍋

寒～い冬も、みんなでわいわい集まるときも、やっぱりお鍋はいいものです。
野菜をたっぷり入れれば栄養もばっちり。

鶏肉と白菜の水炊き

20分

鶏と野菜を入れるだけのシンプル鍋。
鶏のうま味が溶け込んだスープが絶品です。

材料

1人分

鶏もも肉水炊き用	100g
白菜	2枚
にんじん	適量
だし昆布	1枚
水	400mℓ
ポン酢	適量

作り方

1 白菜は芯と葉に分けて、それぞれ2cm幅に切る。にんじんは皮をむいてから、ピーラーで縦向きに20枚ほど薄くけずる。

2 土鍋にだし昆布と水を入れて中火にかけ、沸騰したら鶏肉を入れてフタをして3分煮る。

3 白菜の芯を入れてフタをし、3分煮たらフタを取ってにんじんと白菜の葉を加え、しんなりするまで火を通す。好みでポン酢をつける。

豆乳鍋

20分

豆乳を入れてから沸騰させると、分離して口当たりが悪くなってしまいます。でき上がったら、火加減には気をつけて。

材料

（1人分）

豚バラ薄切り肉	80g
水菜	1/3束
絹ごし豆腐	1/3丁
豆乳	200mℓ
だし汁	150mℓ

A	砂糖	大さじ1/2
	塩	小さじ1/4
	みそ	大さじ1

作り方

1 水菜は5cm長さに、豆腐は1cm幅に、豚肉は3等分の長さに切る。

2 土鍋にだし汁を入れて熱し、沸騰したらAを加え溶かし、豚肉をほぐしながら加えて弱火で2分煮る。

3 豆腐を加えて2分ほど煮て、豆乳を加える。汁が温まったら水菜を加える。

すき焼き

20分

何かいいことがあった日は、
贅沢なすき焼きでお祝いしましょう！

材料

（1人分）

牛薄切りすき焼き用	100g
長ねぎ	1/2本
春菊	1/3束
白滝（アク抜き済み）	100g
サラダ油	小さじ2

A	砂糖	大さじ1
	しょうゆ	大さじ1と1/3
	酒	大さじ1
	みりん	大さじ1
	水	100mℓ

作り方

1 長ねぎは1cm幅の斜め切り、春菊は半分の長さに、白滝は半分に切る。Aはよく混ぜておく。

2 フライパンに油を入れ中火で熱し、牛肉を加える。火が通り全体が白っぽくなったら、白滝を加える。

3 全体に油がまわったらAを注ぎ混ぜ、沸騰したら長ねぎを加える。しんなりしたら春菊を加えてサッと煮る。

キムチ鍋

20分

温かい豆腐とキムチが、体の芯からポカポカにしてくれます。
シメは、ごはんもいいけど、ラーメンでも！

材料

1人分

豚バラ薄切り肉	100g
木綿豆腐	1/3丁
キムチ	100g
卵	1個
水	350mℓ

A	砂糖	小さじ1/2
	みそ	大さじ1
	鶏がらスープの素	小さじ1/2
	一味唐辛子	小さじ1/4

作り方

1 豆腐は4等分に、豚肉は半分の長さに切る。

2 土鍋に水を入れて、中火にかける。沸騰したらAを加え混ぜて溶かし、豚肉を加え、弱火にして5分ほど煮る。

3 豆腐とキムチを加えて3〜4分煮て、卵を落とし、フタをして2分煮る。

重宝する、万能たれ&ドレッシング

ひと手間かけた「ドレッシング」や「ソース」、
「だししょうゆ」は最高の隠し味になるはず。

だししょうゆ

料理の調味料としてはもちろん、
刺し身や冷ややっこにかけてもおいしい。

材料 作りやすい量

しょうゆ	150mℓ
だし昆布	1枚
かつお節	5g

作り方

密封容器に材料をすべて入れ1日以上置く。

※冷蔵で2週間保存可能

中華ドレッシング

材料 作りやすい量

A	砂糖	小さじ2
	酢	50mℓ
	しょうゆ	50mℓ
	白ごま	大さじ1/2
B	サラダ油	30mℓ
	ごま油	10mℓ
	ラー油	10mℓ

作り方

Aをボウルに入れてよく混ぜ、合わせたBを少量ずつ加えながらよく混ぜる。

※冷蔵で2週間保存可能

和風ドレッシング

材料 作りやすい量

	サラダ油	50mℓ
A	酢	50mℓ
	しょうゆ	50mℓ

作り方

Aをボウルに入れてよく混ぜ、サラダ油を少量ずつ加えながらよく混ぜる。

※冷蔵で2週間保存可能

フレンチドレッシング

材料 作りやすい量

	サラダ油	100mℓ
A	塩	小さじ1/2
	酢	75mℓ
	白こしょう	少々

作り方

Aをボウルに入れてよく混ぜ、サラダ油を少量ずつ加えながらよく混ぜる。

※冷蔵で2週間保存可能

トマトソース

20分

**パスタソースにしても、
パンに塗ってピザパンにしてもOK!**

材料

作りやすい量

カットトマト缶	1缶(400g)
玉ねぎ	1/2個
ニンニク	1個
塩	小さじ1
白こしょう	少々
オリーブオイル	大さじ1

作り方

玉ねぎは縦半分にし、繊維と直角の向きに薄く切る。ニンニクはみじん切りにする。フライパンにオリーブオイルとニンニクを入れて中火にかけ、ニンニクから泡が出てきたら玉ねぎを加え、4~5分かけてしんなりするまで炒める。トマト缶を入れ、ときどき混ぜながら10分煮て、塩こしょうで味をととのえる。

※冷蔵で5日、冷凍で1か月保存可能

ホワイトソース

10分

**グラタンやパスタで大活躍!
野菜や肉を煮込んでクリームシチューにも。**

材料

作りやすい量

バター	40g
小麦粉	40g
牛乳	500mℓ
塩	小さじ1/2
白こしょう	少々

作り方

鍋にバターを入れ弱火にかけ、バターが溶けたら小麦粉を入れる。木べらでかき混ぜながら、4~5分じっくり炒める。さらさらな状態になり、再度トロトロな状態になったら牛乳を注ぎ、泡立器でよく混ぜる。煮立たないようにときどき混ぜながらじっくり5分煮詰め、塩こしょうで味をととのえる。

※冷蔵で3日、冷凍で1か月保存可能

懐がさみしいときの、節約ごはん

給料日前に大活躍！
食べごたえがあるのに安上がりな節約レシピです。

ささみのチキンかつ

20分

体にも財布にもやさしい、低カロリー、低たんぱくのささみ。
大きくのばしてから揚げればボリュームアップ。

材料

1人分

鶏ささみ	2本
パン粉	大さじ3
サラダ油	大さじ3
ソース	適量

A	塩	少々
	白こしょう	少々

B	マヨネーズ	大さじ $1/2$
	小麦粉	大さじ1
	水	大さじ1

作り方

1. ささみはラップで包み、瓶でたたいて厚みが半分くらいになるまでひらたく伸ばし、半分に切る。
2. ささみにAをふり、よく混ぜたBをくぐらせてパン粉をまぶす。
3. フライパンに油を入れて弱火で1分熱し、油が温まったらささみを並べて2分焼く。裏返してさらに2分焼き、油をきる。
4. 皿にチキンカツを盛り、好みでソースをかける。

付け合わせ　千切りにしたキャベツ1枚(100g)を添える。

厚揚げのみそ炒め

20分

コクのある油揚げを使えば、ヘルシーだけどお腹は満足。ごはんがもりもり進むおかずです。

材料

1人分

	厚揚げ	1/2丁
	ピーマン	1個
	玉ねぎ	1/4個
	サラダ油	小さじ2
A	砂糖	小さじ1
	みそ	大さじ1
	酒	大さじ1
	おろしニンニク	小さじ1/3
	水	大さじ2

作り方

1 厚揚げは1cm幅に切る。ピーマンは縦半分に切って種を抜き、小さめの乱切りにする。玉ねぎは繊維にそって7～8mm幅に切る。Aは混ぜておく。

2 フライパンに油を入れ中火で熱し、玉ねぎを加えてしんなりするまで炒め、さらに厚揚げを加えて炒め合わせる。

3 Aを加えて1分ほど炒めたらピーマンを入れ、汁けをとばしながら炒める。

きゅうりのチャンプルー

30分

豆腐は崩れないようにしっかり水けをきりましょう。夏にぴったりの炒め物。

材料

1人分	
きゅうり	1本
木綿豆腐	1/2丁
卵	1個
塩	少々
サラダ油	小さじ2
A しょうゆ	小さじ2
A 酒	小さじ1
A みりん	小さじ1

作り方

1 キッチンペーパーで豆腐を包み平皿をのせ、20分ほどかけて水気をきる。きゅうりは縦半分に切って、3cm長さに切り、塩をふって15分ほど置く。卵は溶いておき、Aは混ぜておく。

2 フライパンに油を入れ中火で熱し、豆腐を手でちぎりながら加える。

3 豆腐の全体に焼き色がついたら、汁けをきったきゅうりを加え、しんなりしたらAを加える。

4 溶き卵を流し入れ、全体をザックリ混ぜて皿に盛る。

もやしとニラのサンラータンスープ

10分

酢の酸味とラー油の辛みがおいしい、中華料理の代表的なスープです。

材料

1人分

	もやし	1/5袋
	ニラ	1/4束
A	塩	少々
	粗びき黒こしょう	少々
	鶏がらスープの素	小さじ1/3
	水	200mℓ
B	酢	大さじ1
	ラー油	小さじ1/3

作り方

1 もやしは洗ってざるに上げ、ニラは根元1cmを切ってから、4cm長さに切る。

2 鍋にAを入れて中火で熱し、沸騰したらもやしを入れる。1分ほどしたらニラを入れ、30秒で火を止める。

3 Bを入れて混ぜる。

体調が悪いときの、養生ごはん

具合が悪いときは、温かい手料理が食べたくなります。
まわりの人が体調をくずしたときにも作ってあげたい養生ごはんです。

白がゆ

30 分以上

体調が悪いときは、体が温まり
お腹にもやさしいおかゆがいちばん！

材料

1人分

米	大さじ５
水	800mℓ

作り方

米をとぎ、ざるに上げる。鍋に水と米を入れフタをして強火にかける。沸騰したら弱火にして40分炊く。

うどん

20 分

食欲がないときにぴったり。
冷凍うどんを使えばとっても手軽です。

材料

1人分

冷凍うどん	１玉
鶏コマ	40g
万能ねぎ	２本
しょうゆ	大さじ1と1/2
みりん	大さじ1と1/2
だし汁	200mℓ

作り方

鍋に熱湯を沸かし冷凍うどんを入れ、1分ゆでてざるに上げる。万能ねぎは小口切りにする。空になった鍋にみりんを入れて弱火にかけアルコール分をとばし、だし汁としょうゆを入れる。沸騰したら鶏肉を入れてフタをし、2分煮たらうどんを入れて温める。仕上げに万能ねぎを散らす。

野菜スープ

20分

体がポカポカ温まるスープにも、
野菜をたっぷり入れて栄養補給を。

材料 1人分

玉ねぎ	1/4 個
にんじん	2cm
セロリ	4cm
水	200mℓ
コンソメの素	小さじ 1
A 塩	少々
粗びき黒こしょう	少々

作り方

野菜は全て1cm角に切る。鍋に野菜と水とコンソメの素を入れて、フタをして弱火で10分煮る。Aで味をととのえる。

卵雑炊

10分

だしがきいた、お腹に優しいとろとろ卵の
雑炊です。

材料 1人分

ごはん	少なめ 1 膳
卵	1 個
万能ねぎ	1 本
A だし汁	200mℓ
しょうゆ	大さじ 1/2
酒	小さじ 1
塩	少々

作り方

万能ねぎは小口切りにし、卵は溶いておく。鍋にAを入れて強火にかけ、沸騰したら弱火にしてごはんを入れる。はしでほぐして2分煮たら、はしで鍋の中を混ぜながら、溶き卵を流し入れる。卵がかたまったら万能ねぎを散らす。

Column

自炊に慣れてきたら 弁当を作ろう！

**自炊生活で覚えた料理を弁当に！
外食するよりも栄養バランスがよく、安上がりです。**

弁当箱の選びかた

自分にぴったりの弁当箱を見つければ、ランチタイムが楽しくなります。

1 大きさを選ぶ

見た目で感じるよりたくさん入るので、容器に書かれた内容量を目安に。600～800mℓが一般的な大きさ。

2 形を選ぶ

詰めやすいのは四角いもの。平べったい1段のものや、ビジネスバッグにも入る細長い2段のものなどがあります。

3 機能で選ぶ

密閉性の高いプラスチック製、汚れに強いアルミ製、保温性の高いランチジャーなどがあります。

おかずの選びかた

おかずは、主菜１品と副菜２品が理想的。色どりも考えてみましょう。

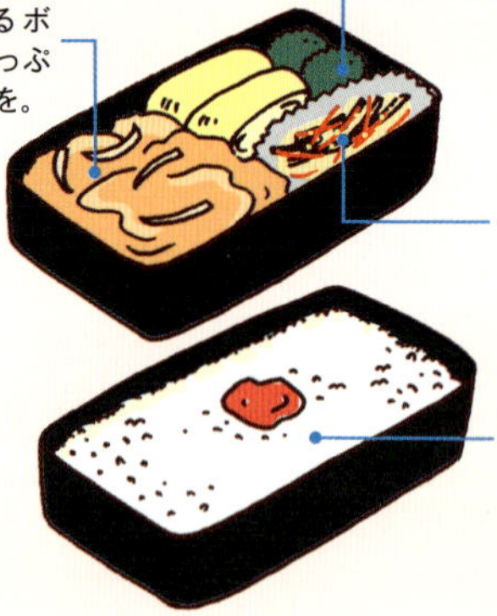

主菜は、午後もがんばれるボリュームたっぷりのおかずを。
色どりが寂しいときは、便利な冷凍野菜をプラス。
栄養のバランスを考えて、野菜のおかずを一品。
梅干しや漬物、のりやごまなどをのせても。

1 主菜を決める

主菜になるのは、肉、魚や大豆製品のおかず。生ものや、汁けの多いおかずは避けます。

2 副菜を決める

副菜は、野菜を中心にしたおかず。2品作るのが厳しいときは、冷凍食品を活用しても。

弁当の詰めかた

おかずが傷むのを防ぎ、持ち運んでも崩れにくい詰めかたをマスターしましょう。

1. ごはんをしっかり詰める。
2. 肉や魚などの、メインになるおかずを詰める。
3. 色のバランスを見ながら、野菜などの副菜を詰める。

必ず冷ましてからフタをする

ごはんとおかずを詰めたら、冷めるのを待ってフタをします。温かいままフタをすると細菌が繁殖してしまうので、気をつけましょう。また、梅干しや酢など、殺菌効果のあるものを一緒に詰めると、傷みにくくなります。

PART 6

後かたづけをする

料理は、作って食べたら終わり、ではありません。上手にかたづけることも、
自炊生活を長くつづけるポイントです。かたづけのキホンは、
ためずにこまめにやること！　食器の洗いかた、
キッチンまわりの掃除など、かたづけがたまらないくふうや、
手早くかたづけるためのコツを覚えておきましょう。

使ったらすぐに洗う！ 食器などの後かたづけ

洗いものは、たまればたまるほど面倒になります。食べ終わったら、すぐにかたづける習慣をつけましょう。

食器を洗う道具を揃える

スペースに限りもあるので、まずは基本の道具から揃えましょう。

キホンの道具

スポンジ

食器やシンクを洗うのに使います。油汚れ用、食器用、シンク用と、3つ用意して使い分ければ、汚れやにおいが移りません。

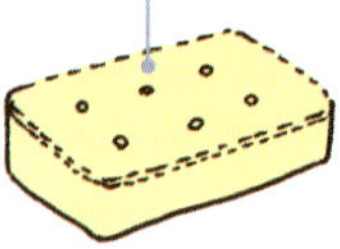

食器洗い洗剤

まずは中性洗剤を買いましょう。キッチンのサイズに合わせて小さめのサイズでOK。除菌ができるものがおすすめです。

たわし

鍋についた焦げやこびりつきなど、スポンジでは落ちない頑固な汚れを落とすときに使います。

あると便利な道具

コップ用スポンジ

長い柄の先にスポンジがついたコップ専用のもの。通常のスポンジでは取れないコップの底についた汚れを取るのに便利。

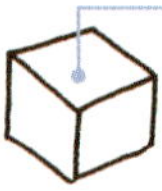

アクリルスポンジ

細かい繊維でできていて、水をつけてこするだけで茶渋などの汚れを落とすことができます。傷がつきやすいものには使わないようにしましょう。

使い古した歯ブラシ

ざるの目を洗ったり、シンクの隅や水あかをこすり落としたりするのに便利です。

狭いシンクで洗うコツ

ひとり暮らしのキッチンは狭いのが難点ですが、くふうしだいでそんな問題も解消！　たとえば、フライパンやボウルなどの大きなものを先に洗ってお湯をため、洗いおけ代わりにするなど、自分なりにくふうしてみましょう。

洗いかたのポイント

基本は、汚れが軽いものから始めること。手順よく洗えば、時間も、水道代やガス代、電気代も節約できます。

調理道具の洗いかた

まな板

食材を変えるごとに汚れを洗い流す。調理が終わったら、除菌入りの洗剤を使ってしっかり洗い、よく乾かす。木製のものは特に念入りに。

フライパン

熱いうちに洗うと汚れが落ちやすい。フッ素樹脂加工のフライパンは、加工がはがれないようにやわらかいスポンジでしっかり洗う。水気はよく拭き取る。

鍋

油汚れがついた鍋は、湯に洗剤を混ぜてつけておく。しつこい汚れは、中に水を入れ火にかけると汚れがはがれやすい。

洗う手順

1 まず、油がついていないコップを洗う。ごはん茶碗などこびりつきのある器は、お湯をためてふやかす。

2 油がついているお皿や鍋を洗う。

3 まとめて洗い流す。しつこい汚れがついた鍋は、中に水を入れ火にかけると汚れがはがれやすい。洗ったら乾かすか、すぐに拭く。

洗いものの前に

やみくもにシンクに置かず、ちょっと分類をするだけで、あとの洗いものがラクになります。

材質別で分ける

●ガラス製品や陶器
食器洗い洗剤とスポンジで洗います。陶器は傷つきやすいので、やわらかいスポンジを使いましょう。

●漆器
洗剤を使わずぬるま湯で洗います。

●シルバー製品
傷がつきやすいので注意。やわらかいスポンジを使い、食器洗い洗剤で水洗いします。

汚れで分ける

●軽い汚れ
油のついていない軽い汚れは、シンクに置くときにさっと水で流しておけばOKです。

●油汚れ
カレーやたれなどべったりついた汚れは、新聞紙やキッチンペーパーなどで汚れをぬぐっておくとよいでしょう。

●こびりつき
ご飯などのこびりつきが落ちにくいときは、湯につけておきます。

使いやすくしまう キッチンの収納

調理をするときの体の動きを考えて、収納場所を決めると、料理のスピードもアップします。

吊り戸棚

調理道具や食器を収納します。重いものを置くときは、けがなどしないように注意。下にふきんをしいておくと、湿気を吸い取ってくれて、滑り止めにも。

よく使うものは出しておく

使う頻度の多い食器洗い道具や、塩やこしょうなどの調味料類は、外に出しておきましょう。人目につくので清潔に。

調味料類

調味料類は同時に使うことが多いので1か所にまとめておきます。計量カップや計量スプーンも一緒に置いておくと便利です。

雑貨類は収納ケースに

ごみ袋やスーパーの買い物袋、ふきんなどのこまごましたものは、収納ケースに整理して入れておきましょう。

ミニサイズの調味料なら収納もコンパクト！

ひとり暮らしで使いきれる分量の小さめサイズの調味料を揃えれば(→P.14)、小さなカゴにまとめて入れて保管できます。持ち運びもラクでおすすめ！

引き出しには小物類を

引き出しがついている場合は、キッチン小物のほか、はしやカトラリーなどのこまごましたものを収納します。種類別に仕切ってしまうと◎。

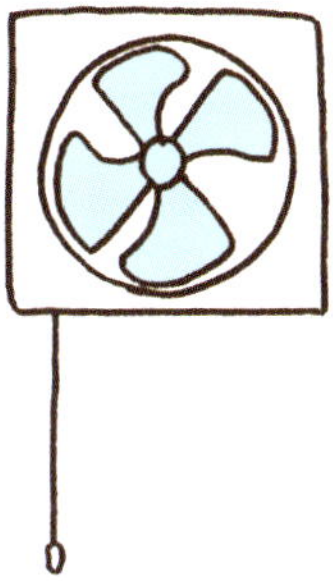

食器を整理するコツ

基本は、背の高いものを後方に、低いものを手前に置くようにすると、すっきり整理されて見えます。使用頻度が高い食器は手前に置くようにしましょう。

ひとり暮らしなら、食器棚はいらない

小さなキッチンに、ムリに専用の食器棚を置く必要はありません。思いきって“見せる収納”をしてみては。リビング用の小さな棚や本棚に、ふきんをしいて、皿を置いてみましょう。はしやカトラリーはコップに立てておけば、食器も調理道具もインテリアの一部に！

スライド式の引き出し

ガス台下にはスライド式の引き出しなどを置いて、乾物や乾麺、お茶などの食品類を収納しておくとよいでしょう。

マナーを守って気持ちよく ごみの捨てかた

ごみの扱いかたは、住んでいる地域によって異なります。マナーを守ったごみ捨てをしましょう。

ごみの種類

一般的な可燃ごみと不燃ごみの分別のしかたを紹介します。

可燃ごみ

可燃ごみは、生ごみや木の枝、リサイクルに出せない紙類、油などです。たばこの吸殻や、下着類なども含まれます。

生ごみ

水けをよくきり、新聞紙などの水分をよく吸い取る紙に包んで捨てる。

古紙回収に出せない紙類

汚れた紙、カーボン紙、紙コップ、紙くず、写真など。

木の枝や草など

50cm以下の長さにまとめて、ひもでしばる。

においを消す工夫

生ごみが出るたびに小さな袋に入れてきっちりしばり、ごみの日にまとめて出すなど、こまめに捨てるのがいちばん。夏はとくに菌が繁殖しやすく、においやすくなります。

不燃ごみ

プラスチックやゴム、ガラス製品など。傘や電球など、扱いが危険なものもあるので、ごみ出しのルールを守りましょう。

電球・蛍光灯

買ったときのケースに入れる。ケースがない場合は中身が見えるビニール袋に入れて出す。

ガラス・金属類

割れ物は、新聞紙などに包んで「割れ物注意」などと中身を書いて出す。

スプレー缶

中身を使いきり、ほかの不燃ごみと分けて中身が見える袋に入れて出す。

電池

素材によってはリサイクルできるものもあるので、販売店に相談を。

ごみのリサイクルでエコを実践！

習慣化すれば、大変なことはありません。
面倒がらずに実践してみましょう！

牛乳パック

パックの中をよく洗い、はさみで切って分解。よく乾かしリサイクルへ。揚げ油を捨てるとき、牛乳パックに新聞紙を詰めて注ぎ、フタをして捨てると、こぼれずに捨てられます。

ペットボトル

キャップとラベルは取り、燃えないごみに。ペットボトルは中身を洗ってつぶし、リサイクルに。リサイクルされると、衣類や、もう一度ペットボトルになります。

新聞紙・雑誌

新聞紙と雑誌は別々に、持ち運びやすい適当な量でまとめます。新聞紙をキッチンにストックしておくと、鍋の油を取ったり、野菜を包んで保存したり、いろいろ使えて便利。

発泡スチロールトレー

トレーをよく洗い、乾かしてリサイクルに。豆腐や卵のパックなどは、リサイクルできません。キレイに洗えばバット代わりになり、キッチンでも活躍します。

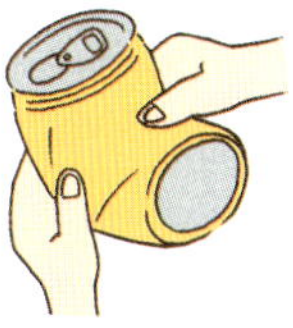

あき缶

水で中を洗い、水けをきってつぶします。アルミ缶、スチール缶どちらもリサイクル可能。アルミ缶は再度アルミ製品に、スチール缶はあらゆる鉄鋼製品になります。

あき瓶

ラベルをはがして洗います。ガラス瓶はリサイクル、フタは不燃ごみに。キレイに洗えば、立派な保存容器になります。特にオシャレな瓶があったら、とっておきましょう。

毎日の手入れで清潔に
キッチンの掃除

不衛生にしていると、害虫やカビの被害にあうことも。日々の掃除とこまめな換気が大切です。

排水溝は古歯ブラシで

シンクの隙間や排水溝などの細かい部分の汚れは、古歯ブラシなどを使って落としましょう。ごみ受けかごは、生ごみを捨てるたびに水で洗い流せば、ぬめりも最小限に。

蛇口もピカピカに

見落としやすいので、洗いもののついでに洗剤で洗います。水滴をこまめに拭き取れば、水あかなどつきません。

シンクは洗いもののあとすぐに

水あかやカビが生えやすい水まわりは、水けを残さないこと。乾いた布やキッチンペーパーで拭きます。ステンレス製のシンクは、空き缶や塩分を含むものを置いたままにするとさびることがあるので要注意。

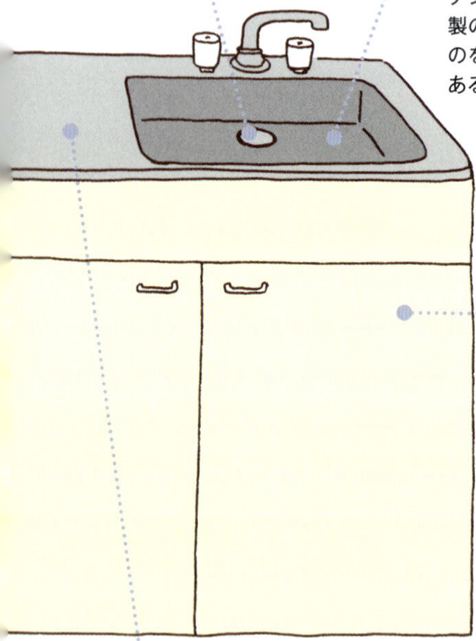

シンク下は定期的な換気を

湿気や熱気がこもりやすく、カビが生えやすいところです。こまめに換気をするようにしましょう。中のものを取り出し、定期的に拭き掃除することも忘れずに。

調理台は使ったらすぐに水ぶき

菌が繁殖することもあるので、使ったらすぐに水拭きしましょう。しっかり水けをとれば、水あかもおさえられます。火を使ったあとは、油が飛んでいることも。

使ったらすぐに、
何かのついでに、
ササッと掃除！
やはり「こまめに」が
基本です。

換気扇はこまめにフィルター交換を

ファンを外し洗剤を溶かしたぬるま湯につけると、こびりついた汚れがとれやすくなります。フィルター交換をマメにしておけば、汚れもひどくなりません。

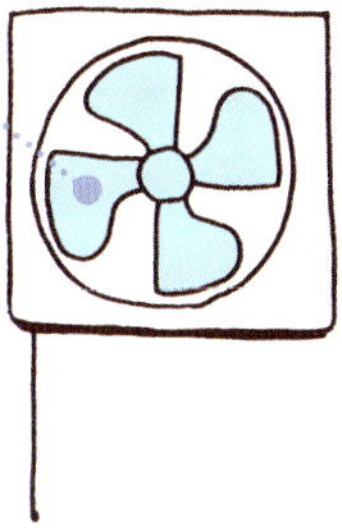

ガス台まわりは温かいうちに汚れを拭く

調理をしたら、余熱が残っているうちにささっと拭き掃除。こびりついてしまった焦げや油は、お湯と強力な洗剤でこすり洗いします。

魚焼きグリルは余熱があるうちに

調理が終わったら、すぐに洗剤で洗います。放置すると魚のにおいや油が取れにくくなります。網の汚れは古歯ブラシでこするとよく落ちます。

汚れの種類と性質

キッチンには様々な汚れの種類があります。汚れの特徴を知っておきましょう。

軽い油汚れ
調理のときにとび散った汚れなど。すぐに水拭きすれば落ちる。

ヌメリ
排水溝などで細菌やカビなどの微生物が繁殖したもの。

食品汚れ
食品の汁や調味料の汚れ。放置すると器具などが変色することも。

油のこびりつき
換気扇などについた油のかたまり。専用の洗剤を使うと落ちやすい。

水あか、湯あか
水道水に含まれる物質が蓄積したもの。水けはすぐにから拭きする。

焦げつき
吹きこぼれた煮汁や油が熱で酸化したもの。ヘラでこそげ落とす。

床や壁の油汚れもすぐ拭けばOK

油が飛んでいることがあるので、火を使ったらすぐ湯拭きし、乾いた布でから拭きを。こびりつくと取れにくくなります。

冷蔵庫の掃除

1 まずは整理整頓

定期的に中をチェックし、何が入っているか把握しておきます。賞味期限が切れる前に使いきりましょう。

2 マメに拭き掃除

ホコリが積もりやすい上部と、毎日手が触れる取っ手は、マメに水拭きをしましょう。

3 冷凍庫は霜取りを

ミニサイズの冷凍室は、霜がつきやすいので、定期的に霜取りを。電源を切って霜を溶かします。

4 定期的に洗剤で洗う

足元の水受けは、冷蔵庫の余分な水分がたまり、カビが発生しやすい場所。定期的に洗います。

棚の中のものを取り出し拭き掃除

中に入っている食器やものを取り出し、住居用洗剤を使って湯拭きして、から拭きをします。下にふきんなどをしいておくと、掃除がラクになります。

電子レンジの掃除

1 内部は温めたふきんで拭く

水でぬらしたふきんを電子レンジで1分加熱し、水蒸気でゆるんだ庫内の汚れを拭き取ります。

2 ターンテーブルは丸洗い

ターンテーブルがある場合は、食器と同じように洗剤で丸洗いし、よく乾かします。

炊飯器の外側は湯拭きする

外側についたでんぷん汚れをお湯で拭き取り、中にこびりついてかたまったごはんを取ります。しゃもじ入れやつゆ受けなどは、水洗いしましょう。

普段からまめにパンくずを取り除く

オーブントースターの受け皿が外れるものは、台所洗剤で丸洗い。水けをよく拭いてからセットします。普段から、パンくずなどの汚れは取り除いておきましょう。

手あかやホコリは水拭きで。油汚れは、住居用の洗剤を使って落とします。

引き出しは湯拭きして乾燥

収納ケースの中のものをすべてとり出し、細かいごみを掃除機で吸いだします。湯拭きをしてよく乾かします。

著者　きじまりゅうた

1981年東京生まれ。祖母は料理研究家の村上昭子、母は同じく料理研究家の杵島直美という家庭に育ち、幼いころから料理に自然と親しむようになる。杵島直美のアシスタントとして修行を積み、現在料理研究家として活躍中。若い男性目線のレシピに定評がある。著書に『りゅうたのフライパンひとつで男めし』（泉書房）、『弁当男子』（自由国民社）などがある。オリジナルレシピや日々のできごとを紹介するブログ「ダイドコログ（http://www.daidokolog.com/）」を公開中。

STAFF

デザイン：株式会社 志岐デザイン事務所（熱田 肇）
撮　影：伊東 知／青柳昌宏／古川 泰
イラスト：坂木浩子
編集制作：株式会社 童夢
編集担当：植村百合

ゼロからはじめる
自炊の教科書

2016年12月23日 発行

著者　きじまりゅうた
発行者　佐藤龍夫
発行所　株式会社 大泉書店
住所　〒162-0805 東京都新宿区矢来町27
電話　03-3260-4001
FAX　03-3260-4074
振替　00140-7-1742
URL　http://www.oizumishoten.co.jp/
印刷・製本　図書印刷株式会社

● 落丁・乱丁本は小社にてお取り替えいたします。
● 本書の内容についてのご質問は、ハガキまたはFAXでお願いします。
ISBN 978-4-278-03324-3 C0077　R50